玉置 崇
×
菱田さつき

先生のための「話し方」の技術

明治図書

はじめに

私は、本書の共著者である菱田さつきさんのブログ「菱田さつきオフィシャルブログ」(https://ameblo.jp/britishsister/)の更新を楽しみにしています。主にコミュニケーションをテーマにして、スピーチコンサルタントとして活躍される中で、感じられたことが飾らない言葉で綴られています。

あるとき「相手の立場になって考えることなんてできるの?」というタイトルの記事がありました。

よく「相手の立場になって物事を考えてみろ!」と言う人がいますが、そんなこと、本当にできるのでしょうか。自分が相手の立場になることができない、と言うかそのやり方がわからない、という方もいらっしゃるでしょう。私もそうです。私にはできません。相手の立場になるなんて。

（略）とは言え、相手のことを尊重することはコミュニケーションの基本です。そこで、「相手の立場」なる怪物をどう捉えているかと言うと、私は相手の目線を想像する」ことにしています。

教師ならきっと、

「子どもの立場になって考えてみなさい」

と一度ならず言われたことがあるでしょう。

私は、スピーチコンサルタントの菱田さんなら、子どもの立場になって考えて発話する意義を、どのように考えられるのか興味がわきました。

こうしたときに、菱田さんにお会いする機会があり、教師の話し方について話題を振ると、話し方にはいささか自信をもっていた私の心に〝さざ波〟を立てる様々な苦言が出されました。

このことから、菱田さんと私の知見を「先生のための『話し方』の技術」本として発信する価値は大いにあると確信しました。

明治図書出版の矢口郁雄さんの編集力のおかげもあって、これまでにない教師の話術本になりました。

本書を自信をもっておすすめします。

２０２１年１月

玉置　崇

もくじ

Contents

第2章 話し上手は聞き上手！ 教室で役に立つ「聞く」技術

第3章 実践しよう！ 「話す」技術の使い方

子どもに話す技術

第４章

これができればあなたも一流！ もっと話し上手になるための「応用」技術

第5章　玉置崇×菱田さつき
対談　「話し方」の技術

第1章

あなたはどれくらい意識できていますか？

「話し上手」「聞き上手」になるための基礎知識

菱田さつき

「話す」ことはエネルギーを「放す」こと

≫ 言葉には不思議な力がある

「話す」ことは、自分の心の中身を取り出して、言葉という相手に見える形にすることです。

心の中で何を思っていても、それをアウトプットしなければだれにも伝わりません。伝わらなかったものはなかったこととして過ぎ去っていきます。

ですから、話すときには、**何か伝えたい思いがあることが大前提**になります。話していても、そこに何の思いもなければ、それはただの文字面として、口から出たとたんに軽くフワフワとどこかへ飛んでいってしまい、相手に届きません。

一方、思いを込めて発すれば、重い言葉になり、相手まで届きます。

「言霊」という言葉があります。

古代日本では、言葉には不思議な力が宿っていると信じられていて、言葉にして口から発したとおりの結果になる、と言われていました。マイナスな言葉を発すればマイナスエネルギーが、プラスの言葉を発すればプラスエネルギーが自分にも相手にも伝わり、それが現実になっていくのです。

「話す」ことは自分のエネルギーを体外へ「放す」ことです。何気なく口にしたマイナスの言葉が、自分にも他者にも悪影響を与えることがあります。言葉には、人を癒すことも傷つけることもできる不思議な力があります。一言一言大切に言葉を発することが、プラスのエネルギーを放つことになります。

ポイント

○マイナスな感情もプラスな言葉に変換して発するようにする。

○言葉にはエネルギーがあるので一言一言を、大切にして丁寧に扱う。

なぜ「噛む」のはよくないのか

≫雑音が気になると本題に集中できない

話し方のセミナーや講座に来られる方の中で特に多い悩みの1つが、「話すときに噛んでしまう」ということです。「滑舌が悪い」とも言います。

滑舌が悪いと、ハッキリ発音できずに噛んでしまいます。例えば、テンポよく歩きたいのに何度も障害物に突っかかって転びそうになったり滑ったりして、リズムが乱れてしまうようなものです。

また、ここぞという大事な言葉を噛んでしまい、言い直すというのは、あまり格好のいいものではありませんし、説得力も下がってしまいます。

噛むことの原因のほとんどは、口を開けずに話していることです。口を大きく開け、特に上唇をしっかり動かすことで明瞭な発音になります。

では、なぜ「噛む」ことがよくないのでしょうか。

それは、聞いている人が、噛んでいること自体に気を取られてしまうからなのです。一度や二度なら許容範囲ですが、何度も噛んでいると、**聞く側のリズムが乱れてしまいます**。「あっ噛んだ」「また噛んだ」と、そのことばかりに気を取られ、肝心の内容が頭に入ってこなくなってしまいます。

このように、一番大切な話の内容を伝えることを邪魔するものはすべて「雑音」です。他にも、顔にかかる前髪を何度もかき上げたり、大きなアクセサリーがジャラジャラ鳴ったりすることも、集中を阻害する要因です。聞き手に、大切な本題に集中してもらうためにも、雑音はシャットアウトしておきましょう。

ポイント

○大事な言葉を言うときは、その言葉の前に２秒程度の間を空けてゆっくり話す。
○動作や身につけるものなど、視覚情報にも配慮する。

聴衆は、ジャガイモではなく人間

≫そこには必ずコミュニケーションが存在している

人前で話すときに緊張してしまう人は、聴衆をジャガイモやカボチャだと思うといい。

こんな話を聞いたことがあると思いますが、これは大きな間違いです。

一対一であれば会話のキャッチボールができ、コミュニケーションが取れていることがわかりやすいのですが、一対大勢になると、とたんに「話す側」と「聞く側」に分かれ、話す方は一方的に話し、聞く方はそれを聞くだけのように感じてしまいます。しかし、一対大勢の場合でも、両者の間には必ずコミュニケーションが存在しています。ジャガイモやカボチャとコミュニケーションは取れないですよね？　コミュニケーションが取れない無機質で感情がないものに向かって話しても、何も伝わりません。**聴衆は感情をもった人間であり、話し手はその人間の顔を見ながら話す方が断然伝わる**のです。

以前、スピーチのレッスンをしていたときのことです。

その日は生徒さん2人、講師である私の合計3人でした。1人ずつ前に出てスピーチをしていただくのですが、聞く側が2人では少し寂しいねという話になりました。そこで、同じフロアにある子ども向けクラスの部屋から、大きめのぬいぐるみを3つ借りてきて聴衆の数を増やしたのです。パンダさん、キリンさん、ゴリラさんが加わって聴衆は5人になりました。そこでスピーチがスタートしたのですが、私は異変に気づきました。スピーチをした2人ともが、人間ばかりを見て、せっかく助っ人で加わってくれたぬいぐるみの方は見向きもしないのです。ぬいぐるみは、ジャガイモやカボチャと同じ無機質で感情をもたない「もの」だからです。**そこからは「あなたの話を聞いていますよ」というエネルギーが発せられていない**のです。

人は無意識のうちに、自分の話を聞いてくれている人の方を見て話します。その方が**「自分は受け入れられている」という実感がもてるので落ち着くから**です。ですから、自分の話を聞いてくれないジャガイモやカボチャに向かって話すことは逆に辛いのです。実際に目の前にジャガイモを並べて話してみてください。何の反応もない聴衆に向かって話し続けることの辛さがわかります。

また、聞く側の人は口には出しませんが、実は心の中ではずっとおしゃべりをしているのです。**「インナートーク」**や**「マインドトーク」**などと呼びますが、私たちは、起きてから眠るまでの間中ずっと、声に出さずに心の中で独り言をつぶやいています。この心の声と会話をするつもりでコミュニケーションを取るようにします。

スピーチの中で、例えば、次のような問いかけをしてみます。

「このような結果になってしまったら皆さんはどうお感じになりますか？」

この問いを投げかけられたとき、聞いている人で、声に出して「私はこう思います」と答える人はいませんが、いったん自分の頭の中で「自分ならどう思うだろう」と考えます。このとき、すぐに続きの言葉を発するのではなく、少しの沈黙、つまり「間」を取って聞く側に考える時間を与えるのです。そして、実際には聞こえてこないそれぞれのマインドトークを聞くのです。

こうして、話し手と聞き手の間にコミュニケーションが成立していくのです。

人前で話すときに緊張してしまうのであれば、なおさら聴衆の顔を見ましょう。ただし、見るのは「あなたの話を聞いていますよ」という態度の人です。まったく聞く気がなく、つまらなさそうな態度の人の顔は見ない方がよいでしょう。その人の負の感情が話す側にうつってしまい、途端に不安な感情が起きてしまうからです。そういう人こそ「ジャガイモだ」くらいに思ってください。大勢の人の前で話し始めたら、会場内の聴衆をぐるりと見渡して、**「あなたの話を聞いていますよ」というエネルギーを発している人を見つけましょう。**

ポイント

○聴衆が言葉を声に出さなくても、会話をしているつもりで話す。
○聴衆の中から、好意的な態度の人を早めに見つける。

表現力を豊かにする5つのポイント

≫どうしても棒読みになってしまう

人前で何かを「読む」と、どうしても棒読みになりがちです。自分で書き上げたものでも、読めばいかにも「読んでいます候」になってしまうのですから、他人が書いたものを読めば、だれもが例外なく棒読みになります。

それは、役者や俳優のように訓練をしたことがない人には当たり前のことです。しかし棒読みになってしまうと、思いの伝わり方が半減してしまい、聞いている人からは「心がこもっていない」という評価を受けてしまいます。

棒読みにならない、いわゆる抑揚のつけ方がわかれば、表現の幅が広がり、棒読みから脱却できます。

そこで、表現力を豊かにするポイントをお伝えします。これはテクニックですから、練習することで身につけることができます。

1　テンポ
2　音程
3　間
4　大きさ
5　音色

まずは、テンポ。これは話すスピードのことです。駆け足のように速く話すところと、歩くようにゆっくり話すところを取り混ぜ、**変化をつけましょう**。

続いて、音程。これは声の高さのことです。もともとの声が高いとか低いということではなく、**自分の声域の中で高くしたり低くしたりすること**です。

次は、間。間というのは、言葉と言葉の間にある無音の時間のことです。この**無音の時**

間を長くしたり短くしたりします。間がまったくないと、聞いている側が息苦しくなりますし、間がありすぎると間延びしてしまい、文字どおり「間抜け」な印象になってしまいます。

そして、大きさ。声を大きくしたり小さくしたりして変化をつけます。**強調したい言葉を大きく話すことでメリハリがつきます**。ただし、声が大き過ぎると怒っているように聞こえたり、逆に小さ過ぎると声が聞こえなくなったりするので気をつけましょう。

最後は、音色。声色や音質と言ってもいいですが、**何種類かを使い分けられると表現の幅が広がります**。例えば、裏声、ハスキーボイス、ダミ声、鼻声、重みのある声、かわいらしい声、色っぽい声などです。

この5つのポイントに共通していることは、すべて**「変化をつける」ということ**です。変化がないと単調になってしまい、いわゆる棒読みになってしまいます。人は変化のない単調なものを聞かされると不快になり、眠くなってしまいます。抑揚、緩急といった変化をつけることで、豊かな表現になります。

では、そのためにはどんな練習をすればよいのでしょうか。

私は新人アナウンサーのころ、先輩から、

「棒読みが酷いからなんとかしなさい」

と言われていました。

そこで、自分なりに考えて実際にやっていた練習方法をご紹介します。

それは、『イソップ童話』などの物語を、ラジオドラマ風に声に出して読むのです。そのときに心がけるのは、**はずかしいくらい大袈裟に抑揚をつけて読むこと**です。物語に登場する役柄を演じ分け、身振り手振りをつけながら読めば、なおよいでしょう。

ご紹介した５つのポイントを意識して、思いっきり大袈裟に変化をつけて読む練習をすることで、表現の幅がぐんと広がります。悲しい場面や楽しい場面など、登場する役柄の感情を表現する練習で棒読みは解消され、思いのこもった表現ができるようになるでしょう。

ポイント

○話し方が単調にならないように、変化をつける。
○役を演じ、芝居をするように読むことで感情を表現する。

聞き手の共感を得る3つのポイント

≫伝わらないのは共感しにくいから

人の価値観はそれぞれで、その人のこれまでの経験の中から形成されています。

例えば、「『海』という言葉から何が思い浮かびますか？」という質問をしてみた場合。「波の音」「サーフィン」「日焼け」などなど、その答えは千差万別でしょう。このように、人はそれぞれに自分が経験した記憶の中からイメージします。ですから、**話し手と聞き手の間でイメージにズレがあると伝わりにくくなります**。

では、自分が海の話をするときに、より聞き手の共感を得て伝わるようにするにはどうすればよいのでしょうか。次の３つに気をつけてみるとよいでしょう。

1　五感情報を言葉にする
2　単位を変えてみる
3　客観情報で伝える

まずは、「五感情報を言葉にする」こと。

人は、五感（視覚、聴覚、触覚、嗅覚、味覚）で物事を記憶しています。

海の話をするならば、例えばどんな色だったのか。透き通るような透明感のある青、深いエメラルドグリーン、暗くて重そうな灰色など。どんな音がしていたのか。打ち寄せる激しい波の音、子どもたちの笑い声、鳥の鳴き声など。どんな感触だったのか。サラサラした砂浜、強い日差しで肌がジリジリ熱い、冷たい海水など。他にも、潮の匂い、日焼けオイルの甘い香り、海の家で食べた焼きそばの味、かき氷のシロップの甘さなどなど。

このように、**自分が五感で感じたことを言葉にすると、聞き手は自分の同じような経験を思い出し、話し手の感情に共感し、結果として話が伝わりやすくなります。**

続いて、「単位を変えてみる」こと。

例えば、「この部屋の広さは26・4平方メートルです」と言われても、専門家でもない限り、ピンときません。このようなとき「この部屋は約8畳です」と、単位を変えると伝わりやすくなります。よく聞く「東京ドーム3個分の広さ」「500ミリリットルのペットボトル1本分の量」なども、同様の例です。**だれでも知っているようなものを単位にすることがポイント**です。

最後に、「客観情報で伝える」こと。

これは、数字などを使うとしても、**相対的なものではなく、絶対的なものを用いるとより共感を得やすい**ということです。

例えば、道案内で「駅から歩いて5分」と言っても、人によって歩行速度は違うので、ある人は倍の時間がかかったりします。一方で、「駅から500メートル」は、だれにとっても同じ絶対的な数字です。またよく使われる「右左」の表現ですが、これも立ち位置によって変化してしまうので、「東西南北」で表現する方がより確実です。

他にも、よく用いられる「ちょっと」「たくさん」「すぐ」「しばらく」などといった表現は非常に主観的で、人によって感覚が違うので、理解に食い違いが生じる原因になりがちです。

イメージを言葉にして伝えるときに重要なのは、**自分の頭の中で映像を浮かべながら話す**ということです。話し手がイメージできていないことは、聞き手もイメージできません。情景がカラーで頭の中に浮かんでいれば、聞き手にもそれが伝わります。

古代ギリシアの哲学者、かのソクラテスは、こんな名言を残しています。

「大工と話すときは、大工の言葉を使え」

相手がだれなのかによって、使う言葉を変えよ、ということです。

このように、相手の目線で相手の経験に基づいた言葉で表現しなければ伝わりません。コミュニケーションは、相手に伝わってこそ意味があるのです。

ポイント

○聞き手が共感できるように表現方法を変える。
○頭の中に情景をカラー映像で思い浮かべながら話す。

動きを取り入れる3つのポイント

》無意味な動きは雑音になる

大勢の人前で話すときは、言葉だけでなく身振り手振りなど体の動きも重要になってきます。その理由は3つあります。

1つめは、**人は直立不動で微動だにしないものを見ていると疲れてしまうから**です。呼吸が浅くなり、息苦しくなったり、眠くなったりしてしまいます。

2つめは、言葉という聴覚情報だけで伝えるよりも、身振り手振り、いわゆるジェスチャーを交えた方が**視覚情報も加わるので、思いが伝わりやすくなるから**です。

3つめは、**話し手も動いた方が、自身の緊張を和らげることができるから**です。身体の緊張感は、精神的な緊張感を誘発します。人は極度に緊張すると、緊張を解そうと無意識のうちに体を動かしてしまいます。それが貧乏ゆすりだったり、ウロウロ歩き回ったり、机を指でトントン叩いたりという行動に表れます。そして話し手の緊張感は聞き手にも伝わってしまいます。

このような理由から、人前で話すときには、体を動かした方がよいのです。

しかし、無意味にやたら動いてしまうとそれは雑音となり、聞いている人はその動きに気を取られて話に集中できなくなります。ですから意識して動く必要があります。

動きのポイントは、次の3つです。

1　大きく
2　ゆっくり
3　いったん止める

まず、「大きく」。

聴衆の人数が多くなればなるほど、物理的に話し手との距離が遠くなります。遠くからでもよくわかるように、大きく動く必要があります。

続いて、「ゆっくり」。

ちょこちょこと速い動きは落ち着きがないように見えてしまいます。堂々とゆっくり動きましょう。

最後に、「いったん止める」。

例えば、一礼する場合、腰を曲げて頭を下げるという動作の中で、頭が一番下がったところで2秒ほど止めるのです。こうすることで、ダラダラせず、動きにメリハリがつきます。

欧米の人に比べて、日本人は身振り手振りをつけながら話すことに慣れていません。**はじめは不自然に感じるかもしれませんが、続けていくうちに身について自然になっていき**

ます。

意識して動いてみてください。

ポイント

○人前で話すときは、身振り手ぶりも交えて話す。

○無意識に動いてしまうのではなく、意識して動く。

雑談がうまくいく3つのポイント

≫雑談は決して「雑」なものではない

私は、仕事で初対面の方とお話をするとき、始まりと終わりに雑談をするように心がけています。話題は天気や時事ネタ、ここまで来る道中に見たものなど、プライベートに踏み込み過ぎない軽めな話題をきっかけにしています。

中には、いきなり本題に入ってしまう方もいますが、残念だなぁと思います。そういう方の多くは、ムダな時間を過ごしたくないと思っていたり、自分のことを人見知りだと思っていたりしますが、これは大きな機会損失です。雑談は決してムダな時間ではありません。むしろ**情報の宝庫**なのです。ですから、相手のことをよりよく知るために雑談はもってこいのコミュニケーションです。**人見知りでもポイントさえわかれば雑談はできます。**

では、雑談に必要なポイントを3つご紹介しましょう。

1　今ここを楽しむ
2　自己開示する
3　アドバイスシーキング

今ここを楽しむ、とはどういうことでしょうか。雑談はなんとなく始まりなんとなく終わるものです。台本がないアドリブなので、二度と再現されることはありません。そして、本題に入れば雑談は忘れ去られていきます。ですから、**気負わず、今この一期一会の瞬間を楽しむくらいがちょうどよい**のです。

次に、自己開示することについてです。人間には返報性という性質があります。**人から何かをしてもらったら、同等のお返しをしたくなるという心理**です。ですから、**相手のこ**

とを知りたいと思ったら、まずは自分のことを話すのです。ただ、初対面でいきなり重い話をすると負担になるので、軽い話題から始めます。相手の出身地を知りたければ、まずは自分が「私は愛知県の出身です」と開示する程度です。相手の話を聞くだけでなく、自分のことも話すことで、相手も話しやすくなります。ただし、自分ばかり話すのではなく、**相手の方が少し多めに話すくらいがよい**でしょう。

最後に、アドバイスシーキング。これは相手に**アドバイスを求めるテクニック**です。人は自分の得意なことや興味のあることは話したいものです。そして、そのことでアドバイスをして、だれかの役に立てたということにより、心理的な満足感を得ます。ですから、知らないことを教えていただくという気持ちで、相手にアドバイスを求めてみてください。

雑談が情報の宝庫なのは、予測できない、根回しできない、再現できない即興の時間だからです。「ちょっと話があるから私の部屋へ来てください」などと言われてしまうと、「何を言われるのだろう」と身構えて一気に緊張感が高まります。しかし、駅でバッタリ会った、休憩室でたまたま一緒になったなどのシチュエーションなら、ゆるい雰囲気でなんとなく雑談が始まります。緊張感がないときにこそ人はポロリと本音が出たり、普段は話さないようなプライベートな話も自然にできるものなのです。この中にこそ、その人の考え方や思い、すなわち価値観が表れるのです。

逆に避けた方がよいポイントは、**「ダメ出し」「マウント」「ジャッジ」**です。これらはすべて相手を否定することになります。相手が話していることにいちいちダメ出しするのは、相手の成長を願い、よかれと思っていても逆効果です。そして、自分の優位性をアピールしたがる人がやる「マウント」。自分の方が相手より上であることを示したいので、相手の話に被せて自分の話をしてしまいます。自慢話や武勇伝などはだれも聞きたくないことを自覚しましょう。そして最後は「ジャッジ」。相手のことを「正か誤」「白か黒」「優か劣」で判定してしまうことです。雑談に正解も正論も必要ありません。

ポイント

○台本のない即興芝居で、記録にも残らないので気楽に。
○話す分量は相手が６、自分が４くらいの割合で。

よい聞き手になるための3つのポイント

≫聞いている人が退屈そうにしていても気がつかない

「話し上手は、聞き上手」という言葉をよく耳にすると思います。

「話が上手な人は、人の話を聞くのも上手」ということなのですが、逆に「人の話を聞くのが上手な人は、自分が話すことも上手」なのかというと、そういうわけでもなさそうです。こちらの場合は、話し上手というよりは「話させ上手」です。

前者がなぜ成り立つかというと、**話すことが上手な人は、人の話をよく聞いて自分の話をするから**です。人が何を聞きたいのか理解して話すことができるわけです。人の話に耳を傾けることなく、相手の反応も確かめることなく、自分の話したいことだけを話してしまうのは、ただの自己満足です。人の話をしっかり聞く耳をもってこそ、聞いている人が楽しいと思える、もっと聞きたいと思えるような話ができるようになります。

では、後者の場合はどうでしょう。他者とコミュニケーションを取るうえで、必ずしもはじめから話し上手である必要はありません。まずは人の話を聞くことから始めましょう。**会話の主導権は聞く側が握っています**。よい聞き手になれば、人はどんどん話をしてくれます。

よい聞き手になるためのポイントは、次の３つです。

1　うなずき
2　あいづち
3　質問

まずは、うなずき。

これは身体表現です。うなずくことで、「あなたの話を聞いていますよ」ということが相手に伝わります。ただ、常にうなずきっ放しでは、話している側も落ち着きませんし、逆にうそっぽく見えてしまうので、**適度な回数にしましょう**。

続いて、あいづち。

うなずきと似ていますが、こちらは音声表現です。「へぇ」「なるほど」「そうなんですね」などなど。注意したいのが、ついやってしまう否定的なあいづちです。例えば「そうですか？」「本当かなぁ」「それはないわ」などのあいづちは、相手に話す気を失わせてしまうので避けましょう。

最後は、質問。

あいづちにつなげて質問をすると、話が広がって会話も盛り上がります。質問には2つの種類があります。**「クローズドクエスチョン」と「オープンクエスチョン」**です。クローズドクエスチョンは、答えが決まっている質問です。例えば、「出身はどちらですか？」「今日のお昼は何を食べましたか？」など。逆にオープンクエスチョンは答えが決まっていない質問です。例えば、「今日の講演はいかがでしたか？」「今年を振り返ってみていいかがですか?」など、何についてどう答えてもいい質問です。この2つを織り交ぜながら質問してみるとよいでしょう。

もう1つ気をつけたいことは、**先回りして答えを予測して聞かない**ということです。「あぁ、この人はこういうことを言いたいのだな」と予測しながら聞く人は、ついつい相手が話している途中で口を挟んでしまいます。これも相手の話す気を削いでしまいます。

また、**特定の答えを言わせたいがための誘導尋問のような質問もNG**です。求めている答えが得られないと口調がだんだんキツくなり、最後には詰問になってしまいます。相手が話しやすいように問うのがよい質問です。

こうして相手の話を先入観なしに聞き届ける耳をもつことで、独りよがりではなく、相手のために話ができるようになっていくわけです。

ポイント

○相手が気持ちよく話せるよう、先入観をもたず、素直に聞く。
○質問するときは、口調がキツくならないように。

よい対話相手になるための3つのポイント

≫聞くときの心の姿勢は、体の姿勢に表れる

「自分は口下手で…」「話すのが苦手で…」と言う人も、自分が得意なことや好きなことは話したいものです。ただし、そこには条件があります。それは、聞き手の態度が優れていることです。**どんなに口下手な人も、優れたインタビュアーの前では饒舌になれます**。

では、どんな態度が聞き手として望ましいのでしょうか。

一対一の場合、次の3つがポイントです。

1　正対する

２　相手の目を見る
３　ページング

まずは、正対すること。

これは、真正面で「面と向かう」ことです。具体的には、**自分のおへそと膝を相手に向けます**。状況によってはこの姿勢を取れないこともあるので、できる限りで構いません。

以前、レストランに食事に行ったときのことです。お店に入ってすぐのところにあるレジに男性店員さんがいました。彼は私たちを見ると何やら忙しそうに手を動かしながら、こちらに背を向けたままで首から上だけ私たちの方を見て「いらっしゃいませ。２名様ですか？」と言ったのです。「ああ、忙しいのだな」と思うと同時に、なんとなくぞんざいに扱われているような気がしました。正対するには、動きにひと手間かかります。**そのひと手間を惜しまない姿勢が、相手に丁寧な印象を与えます**。

次に、相手の目を見ること。

これは、会話の基本です。はずかしくて人の目を見ることができないという方もいますが、常にじっと目を見る必要はありません。逆に、あまり凝視されては話す側も気詰まりです。**目線を上手に外すことがポイント**です。うなずいたとき下向きに、何かを考えている様子で斜め上に…と、目線を外すタイミングはあるので、上手に外しましょう。

また、カフェなどで相手が話しているとき、だれかがお店に入って来るたび入り口を見る、店内を歩いている人を目で追うなどの行為は、「私の話をちゃんと聞いていない」と相手に思わせてしまいます。今目の前にいる人の話に耳を傾けましょう。**目の前にいる人が自分のどこを見ているかということは意外とわかる**ものです。例えば、額や顎、喉元、胸元、腹部など、自分の目線の動きは相手に伝わっていると思ってください。

最後に、ページング。

これは、相手の話し方や状態などにペースを合わせるということです。例えば、話すテンポがゆっくりの人なら、自分も意識的に少しテンポを落とします。ゆっくり話す人に対して早口でまくし立てると、相手を急かしてしまいます。

また、相手の状態つまり**感情にペースを合わせる**ということもあります。うれしい話をしているならうれしそうに聞く。悲しい話なら悲しそうな表情で聞くという具合です。例えば、相手が「10年間も共に過ごしたペットが先日亡くなった」という話をしているのに、聞く側が笑みを浮かべていたら、話している側は「本当に話を聞いているのかな」と不安になりますし、何よりあまりいい気分ではありません。

一対一ではありませんが、会議など数人が集まる場合、自分の発言が終わると、他の人が発言していても我関せずという態度を取ってしまう人がいます。話している人の方を見ない、いすの背に深くもたれかかってしまう、足や腕を組むなどの態度です。自分もこの組織やグループの一員であるという自覚をもち、自分事として捉えるには、話している人の顔を見る、うなずきながら聞くなどの態度が必要です。

このような好意的、友好的な態度が、話す人のモチベーションをさらに高めて結果有意義な時間にしてくれるのです。

ポイント

○行動のひと手間が、相手に丁寧な印象を与える。
○今、目の前にいる人を大切にする。

聞き手としてよいエネルギーを発するための3つのポイント

≫「うなずきくん」になる

「聴衆は、ジャガイモではなく人間」の項で、「あなたの話を聞いていますよ」というエネルギーを発している人を聴衆の中から見つけましょう、とお伝えしました。

そういう人を見ると、「ああ、この人は自分の話を聞いてくれている」とわかり、安心して話すことができるからです。

逆に、つまらなさそうな態度の人、つまり負のエネルギーを発している人を見てしまうと、「ああ、自分の話はつまらないのだ」と不安になり、モチベーションが下がってしまいます。ですから、なるべく早い段階でよいエネルギーを発している人を見つけることをおすすめします。

では、「よいエネルギーを発している」とは、具体的にどんな態度なのでしょうか。

それは、聞いている人のノンバーバルな情報で表現されています。ノンバーバルというのは、言葉ではない表現方法のことで、**表情、姿勢、立ち居振る舞い、服装、髪型など、主に視覚で確認できる情報**のことです。人の態度やしぐさは、その人の心の状態を雄弁に物語っています。この、聴衆が発している言葉にならない言葉を目で聞くのです。

では自分が聞く側のとき、よいエネルギーを発するには具体的にどのような表現をしたらよいのでしょうか。

ポイントを3つお伝えします。

1　うなずき
2　表情
3　リアクション

ここでもやはり、まずは、うなずきです。

一対一でも、一対大勢でも、話を聞くときの基本です。たとえ聴衆が大勢でも、話している人からは、うなずいてくれている人はよく見えています。ですから、「あなたの話を聞いていますよ」という思いで、時折意識的にうなずきながら聞きましょう。話す側になったときは、会場内をぐるりと見渡してみてください。必ずどこかにあなたの話を聞きながら、うんうんとうなずいている人がいます。私はこういう人のことを「うなずきくん」と呼んでいます。なるべく早めにうなずきくんを見つけましょう。そして、今日から皆さんもぜひ、うなずきくんになってください。

続いて、表情。

基本的には笑顔がよいのですが、終始笑顔でいればよいというわけでもありません。**話し手が笑顔になったときや目が合ったときなどに自分も笑顔になり、あとは口角を少しだけ上げているくらいがよい**のです。この口角だけを上げる笑顔のことを「アルカイックスマイル」と言います。古代ギリシアの彫刻に見られる、口元だけに微笑みをたたえている表情です。モナリザや日本の飛鳥時代の仏像にも見られます。

いずれにしても、まずは無表情や眉間にシワを寄せたような仏頂面にならないように気をつけてください。

最後に、リアクション。

話し手が一番辛いのは、聞いている人たちが無反応なことです。何を言っても微動だにせず無表情。これが何より辛いのです。

ですから、何かしらの反応をしましょう。テレビに出てくる芸人さんのように、大袈裟にする必要はありませんし、声に出す必要もありません。楽しい話やおもしろい話なら笑う、悲しい話なら悲しそうな表情で聞く。その場の状況や雰囲気にもよりますが、盛り上がったら拍手をしてもいいですね。

このように、**話の内容の喜怒哀楽に応じて、何かしらの反応をしましょう**。

私は様々な企業で研修やセミナー、講演などをさせていただいていますが、ほとんどの方は熱心に聞いてくださいます。しかし、中には「この忙しいときに時間を取られて迷惑だ」と顔に書いてあるような態度の方もいらっしゃいます。こういう方は大抵、仏頂面でいすの背にもたれかかり、足を組み、腕組みをし、場合によってはスマホを触っていたりして、全身で不機嫌を表現しています。

これにはさすがにプロでも心が折れそうになります。でも、そこで「うなずきくん」の存在が安心感を与えてくれるのです。私は今でも、まずはじめにすることは「今日のうなずきくん」を探すことなのです。

ポイント

○まずは自分から「今日のうなずきくん」になる。
○思っていることは無意識に態度に表れ、相手に伝わっていることを自覚する。

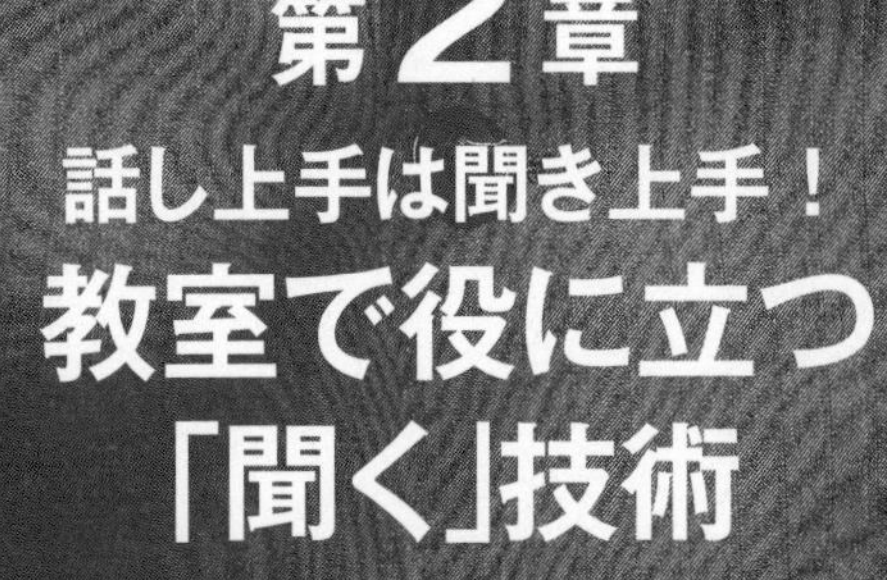

第2章

話し上手は聞き上手！
教室で役に立つ「聞く」技術

玉置崇

心の門を開けて、子どもが話し出すきっかけをつくる

≫先生自身が子どもに心を開くと子どもが話し出す

「私は聞き上手」と思っていても、まずは子どもが話し出してくれなければ、子どもの気持ちや考えを聞くことはできません。

子どもに話し出させる方法は様々ですが、まずは、教師が子どもに心を開くことです。実はこれがなかなかできない教師が多いのです。**いざ子どもを前にすると、妙にかまえてしまう**のです。

子どもに心を開くことは、校門を開け放すイメージです。若い先生の中には、2001年に発生した大阪教育大学附属池田小学校での悲しい事件をご存じない方もあるでしょう。

校内に侵入した犯人が、小学生を無差別に殺傷した事件です。この事件以来、全国の学校で、日常的に校門を閉めておくことになりました。

私は、仕事上学校を訪問することが多いので、その都度閉まっている門を開けて入るのですが、この作業が意外に大変なのです。

子どもにとっても同じことで、**教師が心の門を閉めていたら、それをわざわざ開けて中に入ろうとはしません。**

「昨晩の大雨はすごかったね。先生は雨音で目が覚めてしまいました」などと、教師が自分のことを話せば、何らかの言葉を返す子どもがいることでしょう。「全然、気づかなかったよ」と言えば、「では、気づいた人は手をあげて。あれっ、先生だけ?」とやりとりしたらどうでしょう。「歳の差じゃないの」などと、突っ込んでくる子どもがいるかもしれません。

ポイント

○教師が子どもに心を開くと、子どもも安心して話し出す。
○「私の門はいつでも開いていますよ」という心持ちで。

「言葉にならない発言」を捉える

≫「表情で発言している」と思う

学生が教育実習後によく口にする言葉に、「授業で手をあげてくれる子どもが少なくて困りました」があります。

こうしたことを口にする学生の多くは、自分が受けてきた授業が、挙手をする子どもを指名して発言させる授業だったようです。

この言葉を耳にしたときには、次のように切り返します。

「手をあげた子どもしか、考えていなかったのでしょうか？」

「いいえ、他の子どもたちも、しっかり考えていたと思います」

「どうしてそう思ったんですか？」

「表情を見ていて、そう感じました」

実は、ここに困りごとを解決するヒントがあります。「子どもは表情で発言している」と思えばよいのです。

だれかの発言に反応する子どもを見つけたら、「今、○○さんの意見にうなずいたように思ったんだけど、あなたの考えを聞かせてほしいな」と、その子に水を向けるのです。「ペアで話し合っているとき、とても盛り上がっていたのですが、どんな話し合いをしていたのか、それを再現してくれませんか？」と、様子をほめたうえで指名すると、子どもも張り切って発言します。

聞き上手な先生は、子どもの表情をしっかり捉え、それを基に発言を求めるので、多くの子どもの考えを引き出し、子ども同士をつなぎながら授業を展開することができます。

ポイント

○子どもたちは授業を受けながら、心の中で必ず何かを思い、それを表情に出す。
○表情で発言をしていると考えると、意図的指名をしたい子どもはたくさんいる。

背景を想像しながら聞くことで、子どもの気持ちに寄り添う

≫相手の気持ちに寄り添いながら聞くことは、場面を想像すること

聞くときは、相手の気持ちに寄り添いながら聞くことが大切だと言われます。相手の気持ちに寄り添うとは、具体的にどうすることでしょう。相手の気持ちに寄り添うには、２つのことを心がけるとよいと思います。

１つは、**話を聞きながら、話題になっている場面を想像すること**です。

例えば、ある子どもが兄弟げんかの報告に来たとしましょう。そのときに、その子どもの気持ちに寄り添うには、その場面を想像して、「こういう状況だった？」と時折聞いて

やることです。

「お兄ちゃんとケンカをしたんだ。お兄ちゃんが『オレの漫画を勝手に読んだな』と怒ったんだ」

「2人の部屋でケンカしたの？」

「そうだよ。お兄ちゃんと一緒に使ってる部屋だよ」

「漫画は君の机の上にあったの？」

「ううん、漫画はお兄ちゃんの机の上にあった。○○くんがおもしろいって言ってた漫画だと思って見たんだ」

「そうか。お兄ちゃんの机の上にあったのか。君の机の上にあるのを勝手に見られたら、どう思う？」

「それは嫌だけど…」

発達段階の未熟な子どもは整理して状況を説明できないので、学校でも、**教師が子どもが伝えようとしている場面を想像し、質問しながら状況を整理することが相手に寄り添うことになります**。

》その子のこれまでを思い出しながら聞く

２つめは、その子のこれまでの状況を思い出しながら話を聞くことです。**そのようなことを話すに至った背景を踏まえて話を聞く**ということです。

話し手は、ともするとそれまでの経過を伝えず、目の前のことだけ伝えようとする傾向があります。話し手の背景を知らずに話を聞くと、誤解してしまうこともあるのです。

例えば、次のような話をした子どもがいるとしましょう。

「図書委員会の仕事で授業に遅れました」

このように、子どもは事実を伝えるだけです。返答は「わかりました。ご苦労様でした」だけでもよいのですが、それまでのその子どもの状況を思い出して、

「いつもしっかり図書委員の仕事をしてくれるね」

「さすが『図書室を変えたい』と言って委員になっただけあるね」

「休み明け、図書室は混み合うんだね」

などと、話し手の言葉を基にその背景を踏まえて一言つけ加えると、子どもは自分の話をよく聞いてくれていると思うことでしょう。

またこれは別の例ですが、個人懇談会の数日前の子どもとの会話です。

「先生、個人懇談会は、私も出なくてはいけないのですか？」

実はこの子どもの母親から「子どもが家庭でまったく話さないので心配しています」と相談があったので、それを踏まえて次のように伝えました。

「おうちの方にあなたの考えをしっかり伝えてあれば、出席しなくてもいいよ」

「話してるわけないじゃん」

「へぇ、そうなの。話す気持ちになれないいんだ」

と、**なぜ話さないのかを問う前に、気持ちに同意しました**。すると、その子どもはポツポツと悩みを話し始めました。

ポイント

○話を聞きながら、話題としている場面を想像して時折質問をする。
○話す子どものこれまでの状況を思い出しながら聞き、その状況をまずは肯定する。

書かれた言葉を上手に使う

≫子どもがノートに書いたことを基に聞く

先に、子どもの表情を基に聞く技術を紹介しました。

ここでは、子どもが書いたことを基に聞く技術を紹介します。子どもが書いたものを上手に使うことで聞き上手になれます。

子どもが書いたものと言っても様々です。短いものがあれば長いもの、自分の意見を書いているものがあれば振り返りや疑問や質問を書いているものもあります。それぞれで使い方が違うので、事例も入れながら、それぞれの活用法について紹介します。

●○×を書かせる

この方法は、野口芳宏先生が提唱されている、授業に全員参加させる方法でもあります。子どもに「このことについて賛成の人は○を、反対の人は×を書きなさい」とノートに意思表明をさせる場合があります。「ノートにわざわざ○×を書かせる必要はない。手をあげさせればよい」という方がいますが、私はそうは思いません。**○×を書くことによって意思をはっきりさせることになりますし、そのことについて関心を高めることになります。**

また○か×で挙手をさせ、なぜそちらを選んだのかを聞くことによって、子どもの考えの交流もすることができます。

●キーワードを書く

子どもに思ったことや意見を書くように指示したところ、それぞれがたくさん書いたために授業中に読み取れず、上手に活用できなかった、という経験はありませんか。

そんなときは、**「あなたが考える一番大切だと思う言葉だけを書いてください」**と指示するとよいでしょう。国語や道徳の授業で活用できます。

例えば、主人公の気持ちを考えさせる場面です。「あなたが想像するこの主人公の気持ちを単語で書いてみましょう」と指示します。子どもは「すごい」「勇気」「明るい」「挑戦」「自信」といった言葉を書きました。それらを発表させることは短時間でできます。聞き出したあと、「どうして勇気という言葉を書いたのですか？」と意図的指名をすることができます。また、「あなたは『挑戦』という言葉を書きましたが、『勇気』という言葉を聞いてどう思いましたか？」など、考えを引き出すきっかけにできます。

●前時の振り返りを活用する

「主体的に学習に取り組む態度」を評価するために、授業の振り返りを書かせることが多くなってきています。**評価資料としてだけではなく、授業でも活用するとよい**でしょう。

例えば、前時の算数の時間に次のように振り返りを書いた子どもがいたとしましょう。

「今日は三角形の３つの角をたすと１８０度になることが、紙を切って３つの角を１つに集めてわかった。こんな方法があるとはびっくりした」

このような振り返りを次の授業の冒頭で取り上げます。

「〇〇さんの昨日の算数の振り返りに、「びっくりした」と書いてありました。振り返りにこうしたそのときの気持ちを書いておくのもいいですねぇ。ところで、○○さんは、今日はどんなことをやってみたいですか？」

振り返りの内容をほめながら子どもから今日の課題を出させることは、子どもとともに授業をつくるために大切なことです。

ところで、書くことに抵抗感をもっている子どもや、何を書いていいのかわからないという子どもは少なくありません。参観した授業で「家電製品を書きましょう」という指示があったのですが、ある子どもはどうやら家電製品そのものがわからないようです。先生が子どものノートを順に見ながら、書かれた事柄を声に出して読んでいるうちに、その子どもはこうつぶやきました。「コンセントをさすものを書くのかぁ」。他の子どもの考えを聞きながら、家電製品の意味がようやくわかったのです。

ポイント

- ○子どもがノートに書いたものは聞くための貴重な材料。
- ○授業中に活用するために、キーワード（重要な言葉）のみを書かせる。

話しながら聞く

≫うまい落語家はよく聞いている

落語家は話すのが商売です。お客さんの前で落語を演じてお金をもらい、それで生計を立てているのですから、そういっても過言ではないでしょう。

しかし、うまい落語家は、話すだけでなく、よく聞いています。何を聞いているかというと、**お客さんの笑い声**です。笑い声をちゃんと聞いていないと、自分のしゃべりがお客さんの笑い声と被ってしまい、大切な言葉を伝えられないからです。

もう少し詳しく話すと、**笑い声が収まりかけたときをねらって、次のくすぐり（ギャグ）を出す**ということです。まだお客さんが笑っているのに、そこにくすぐりを放っても笑いはとれません。

子どもたちに落語を教えたことがあります。子どもたちは一生懸命に落語を覚えて話します。稽古のときはこれでなんら困りません。

ところが、お客さんを前にしたとき、その反応を一切無視して覚えたことをしゃべるだけでは、落語になりません。子どもに、お客さんの反応を見ながら間を意識して話す余裕は期待できません。しかし、子ども落語を聞いているお客さんが笑う間がなければ、落語はまったく成立しないのです。

「聴衆の反応を聞きながら話す」といいますが、落語家は聞き手の反応を意識して話すので、お客さんと息が合う落語ができるのです。

もちろん教師も同様です。子どもの反応を意識せず話すと、徐々に子どもは離れていきます。

あるとき、大阪の落語家である桂源太さんに、次のように聞いてみました。

「落語家は話しながら聞いているということについて、どう思いますか？」

「確かにその通りだと思います。まくらでも落語本編でも、お客様に語りながら、心の中では『こんな感じの噺はお好きですか？』『これがお好きなら、こんなのはどうですか？』と、お客様に聞きながら話していると思います。そのお客様の感じをつかめないまま終わると、『スべった』という感じになるかなと（笑）」

この話を聞いて、まさに、**客席の雰囲気もお客さんの言葉だと思っている**のだと思いました。実際には一方的に話しているのですが、その中でお客さんの心の声と対話しながら噺を組み立てている感覚が、落語家さんにはあるのでしょう。

もっとも、「その域に達するのは何十年もかかりますよ」と源太さんに言われそうですが。

ポイント

○うまい落語家は、お客さんの反応を聞きながら話している。

○相手の反応をよく聞き、相手と息を合わせて話すことが大切。

第3章

実践しよう！
「話す」技術の使い方

玉置崇

子どもに話す技術

子どもに忖度されていることを自覚し、伝わる言葉、方法を選択する

≫黙って聞いているから伝わっているとは限らない

話は相手に伝わってこそ価値があります。そのためには、相手に伝わる言葉を使うことが大切です。

人は、自分の話が伝わらないと、「聞き手が悪いんだ」と考えがちです。時には実際にそういうこともあるでしょうが、**まずは話し手が相手に合わせて伝えるべき**です。

あまりにも聞き手の認識不足があると感じたら、やんわりとそれを伝えるような工夫も必要ですが、これは大人相手の話で、子どもの場合は聞き手の子どもにきちんと合わせるべきです。

このような原則は、十分に理解しているつもりでも、なかなか実践できることではありません。

あるとき、中学校の全校集会で、生徒指導主事が「分別をつけなさい」という言葉を発しました。中学生にとっては、聞きなれない言葉ですから、「ふんべつ」という言葉がきちんと聞きとれたかどうかも怪しいのです。生徒は、生徒指導主事の勢いに押されて、黙って聞いていましたが、中には「ゴミを分別する」の「ぶんべつ」と聞こえた生徒もいたかもしれません。

ここでは、まず「分別」という言葉が聞き手の中学生にちゃんと意図が伝わる言葉かどうかを考える必要がありました。例えば、**プレートで「分別」と表し、言葉の意味を説明すれば通じた**でしょう。

教育実習生の授業を参観すると、こうした場面に頻繁に出合います。

小学校高学年での授業です。

「アンバランスですね」

「限定してみるとどうでしょう」

「グローバルですね」

すべて実習生の言葉です。聞き手の子どもたちは「意味がわかりません」とは言いません。でも実際は、「わからなくてもいいや」と思っている子どももいれば、質問したら実習生の先生が気の毒だと思っている子どももいます。

また、国立大学の附属中学校に勤めていたときのことですが、校長は大学から派遣された教授で、普段は大学生を相手にしておられることもあり、一般の校長とは違って、講話の内容がとても高尚でした（生徒より、むしろ教員の方に響く話でした）。

教室に戻り、生徒に「今日の校長先生の話はこういうことだよ」と、生徒の理解の状況に合わせて伝え直すことが多々ありました。

生徒は黙って聞いていましたが、「校長の話がよくわからないから聞きたくない」と反発するのではないかとハラハラしていました。

このように、私たち教師は、**聞き手の子どもたちに忖度されているということを常に自覚しておくべき**でしょう。ちょっとした話でも、聞き手である子どもの発達段階を踏まえて話すことを心がけることです。伝わらない話は、教師の自己満足に過ぎないといっても過言ではありません。

ＮＨＫの『週刊こどもニュース』のキャスターをしていた池上彰さんは、わかりやすい解説で有名になりました。視聴者の子どもを意識して十分に言葉選びをした解説でした。それが大人にも好評を得たということは、それまでのニュースでは、あまりそういった配慮がなかったことの裏返しかもしれません。

現在はテロップも示され、例えば同音異義語による混乱がないように工夫するなど、テレビ局の配慮は相当なものです。だれにでも正確に伝えるには、ここまで心得ておかないといけないのかもしれません。

教室であれば、難しい言葉はすぐに板書して補足したり、簡易な言葉で言い換えたりできるので、メディアでの発信の工夫は大いに参考になると思います。

ポイント

○子どもの発達段階を踏まえて、理解できる言葉を使って話す。
○伝わっていないと感じたら、板書したり、他の言葉で補足したりする。

子どもに話す技術

キーワードを明確にする

》話す前にキーワードを決める

教室や集会で子どもに話をする際、どのような準備をしているでしょうか。

私の場合、入学式や卒業式での校長式辞は、1か月前あたりから原稿を書き始め、声に出して何度も原稿を読みながら修正し、完成させていました。このように入念に準備をしたのは、儀式的な行事での式辞のみで、普段の講話はここまでの準備をしません。集会での講話は、前日に準備をすることがほとんどでした。

まず考えることは、「今、何を伝えるべきか」ということです。これが決まらない限りは話すことができません。

例えば明日から中学校で文化祭が始まるとします。文化祭を通して子どもたちに何を伝えるべきかを考えます。当然ですが、様々なことが浮かんできます。しかし、**伝えたいことは1つに絞るべき**です。聞く側に立って考えてみると、いくつものことを一度に話されても記憶に残らないからです。

したがって、「今一番伝えたいことはこれだ！」と一点に絞り込みます。**それができた証は、1つの「キーワード」として表現できたとき**です。

文化祭の場合は、「文化は受け取る側がつくる」がキーワードになりました。ここまで絞り込むと、話はシャープになります。

以下は実際の原稿です。

わくわくするようなオープニングで、文化祭が始まりました。改めて考えてみると、今日までに、生徒会、各学級、部活動、それぞれの立場で、この文化祭での発表に向けてたくさんの時間をかけて準備をしてきましたね。今日、明日の2日間は、この体育館の舞台で、そして各展示の会場で、君たちが一丸となってつくり上げてきた、君たちの文化を大いに披露、発信してほしいと思います。楽しみにしています。忘れてはならないことは、よい文化は発信する側だけでは生まれないということです。「文化は受け取る側がつくる」です。仲間の発表をしっかり見る、じっくり鑑賞する、拍手をしっかりする、大いに楽しむという、文化を受け取る側の姿勢が、発表する人たちの力を最大限に引き出すのです。改めて言います。「文化は発信する側がつくるのではなく、文化は受け取る側がつくる」。この言葉を忘れないで、みんなの力ですばらしい文化祭をつくり上げましょう。

文化祭のあいさつは、演出上、体育館でスポットを浴びて行うので、原稿を読むことはできません（生徒会長らもノー原稿で話しますから、校長が原稿を手にすることは格好悪くてできません）。

キーワード「文化は受け取る側がつくる」という言葉を伝えることを頭にたたき込んで話し始めると、それなりになんとかなるものです。このことは体験的に学びました。原稿を持たず話すことを常として、原稿ができたら、それを見ずに4、5回練習する。**その中で止まってしまった箇所があれば、その部分のみ練習しておくとよい**でしょう。

キーワードを決めて話すことのよさは、**子どもや教師がそのキーワードを活用してくれる**ことにもあります。

例えば、修学旅行前に「感謝百回」というキーワードで話をしました。修学旅行中には何人もの人にお世話になります。その方々への感謝の気持ちを忘れないようにしましょう、ということを伝えるためです。

「修学旅行3日間で『ありがとうございます』を100回は言えるのでは…」と、感謝する場面がとても多いことを強調しました。

修学旅行中には、子どもから「先生、2日間で100回を超えたよ」という声が聞かれました。また担任が「感謝百回」という言葉を入れて、子どもたちに話をしている場面を見ることができました。

よいキーワードは伝播すると実感しました。

ポイント

○伝えたい内容をキーワードとして表現できるまで絞り込むことが大切。
○よいキーワードの伝播力は強く、繰り返し使ってもらえる言葉となる。

子どもに話す技術

「先生は見ている」と思わせる

≫「先生は見ている」と思わせるコツ

大学の100名を超す人数の講義で、学生から言われたことがあります。

「先生は、私たちをとてもよく見ていますね」

我ながらビックリしたのですが、公立学校教員として三十年余、教室で授業をやってきた習慣が、大学講義でも意識することなく生きているのだと自覚しました。

教室でも講義室でも、授業を受けている子どもや学生を満遍なく見るのは、ごく普通のことです。しかし、大学では大型スクリーンに映写したプレゼンを基に講義をする教員が多いので、学生よりスクリーンを見ていることが多いのでしょう。その中で学生の方を見て講義をしている私に学生が注目したわけです。

教室で「先生は見ている」と思わせるための技術があります。まず、**ときどき教室の後ろの両端を見る**ことです。こうすると、教室のどの位置に座っている子どもも、先生が見ていると感じます。

そして、**意識して何人かと目を合わせるようにします**。わずかでも目を合わせておくと、そのまわりの子どもも自分を見ていると思います（「ライブ会場でミュージシャンと目が合ったよ」というのと同じです）。

視線が偏っている教師に共通していること

逆に、教室での視線が偏っている教師がいます。満遍なく視線を送るのではなく、特定の子どもだけを無意識に見てしまっているのです。

こういった教師の視線は、**発言力がある子どもに注がれる傾向があります**。発問する前に、「こんな発言があるといいなぁ」と思うことは教師ならだれしもあることです。さらに、「これは○○さんなら答えてくれるに違いない」と思うのもごく普通のことです。この気持ちが視線に表れ、ついその子を見てしまうのです。

教師が授業を行うプロであれば、子どもは授業を受けるプロです。子どもは教師の様子をよく見ているので、視線が偏っている教師の心情を、「先生はあの子に期待しているのだな」と読み取ります。

逆に、指導に困っている子どもにいつも視線が向いている教師もいます。おそらく気になって仕方がないのでしょう。

子ども側からすると、いつも見られている感じがするので心中穏やかではありません。「なぜオレばかりを見るんだ！」と子どもに言われる教師もいます。「目は口ほどに物を言う」ので、子どもはその視線に、**「先生は自分のことをよく思っていない」**と感じたのでしょう。

》意図的指名ができるのは、教室全体を視界に入れている証

教室での視野が広く、いつも全体を視界に入れていると感じられる教師がいます。そう

いった教師は、的確な意図的指名ができます。

参観授業を前方から見ていると、「あの子どもが何か言いたそうだ」とか、「あそこの子どもたちが手でも表現しながら何かしら伝え合っているな」と冷静に全体を見ることができます。

教室全体を視界に入れている教師は、そうした子どもたちを的確に指名して考えを発表させ、子どもの発言で授業をつくっていくことができます。子どもたちもきっと、「先生は、私が発言したいなと思っているときにちゃんと指名してくれる」と思っているに違いありません。

ポイント

○子どもを満遍なく見て話すには、教室の後ろの両端にときどき視線を送る。
○子どもは授業を受けるプロ。教師が視線を向ける気持ちを察している。

子どもに話す技術

失敗談で自己開示する

≫子どもは先生のことを知りたがっている

ご自身が小中学生のころ、さらに高校生や大学生のころを思い出してください。教師の話に興味をもったことはありませんか？　その教師が自分と同年齢くらいで体験したエピソードを楽しく聞いた思い出はありませんか？

学級経営で大切なことの1つが、教師が子どもたちに自己開示をすることだと言われます。**話し手の「人となり」がわかってくると、話への集中度や理解度が高まるから**です。

私は、はじめての場所で大人向けの講演をするときにも、聞き手の立場に合わせて、「あなたと同じ立場のときにはこのようなエピソードがありました」と自己開示をすることから始めます。すると、私自身に興味をもっていただけるようで、話への集中度が高まることを感じます。

自己開示は失敗談がいい

自己開示の話題で子どもが喜ぶのは、失敗談です。「先生もそんな失敗をしたことがあるのか」と、心理的な距離感が縮まるからです。

例えば、次のような話です。

中学生のとき、担任の先生に、毎日の家庭学習の時間と内容、反省を書いて提出する「生活記録」がありました。あるとき、まったく書いていないので提出できないことがありました。担任の先生から提出されていないと言われたとき、つい「書いてあるのですけど、持って来るのを忘れてしまいました」とウソをついてしまいました。先生には、「忘れることもあるから仕方がないな」と許していただけました。

ところがその日、ＰＴＡ役員をしていた母親が学校に来たのです。すると先生が、「息子さんは『生活記録』を持ってくるのを忘れてしまった」と母親に伝えたのです。そしたら母親は、「まったく書いていないから出せなかった」と暴露してしまったのです。担任からは、忘れたことより、ウソをついたことをこっぴどく叱られました。

ポイントは、**このあと「ウソをついてもバレますよ」などと、説教じみた話をしない**ことです。そんな補足をしなくても、子どもは十分感じることがあるでしょう。失敗談も爽やかに終わるのがよいのです。

≫自己開示で教師と子どもの心のつながりができる

教師も人間ですから、時には子どもの前で弱音を吐いてもよいと思います。むしろ弱音を吐かないと伝わらないこともあります。

痛風になってしまった先生がいました。子どもには病気のことを伝えず、痛みを我慢して授業をしていました。あるとき、その先生が職員室で行っている朝のスピーチで、自身の病気のことを語りました。スピーチの内容は子どもに伝えてもよい約束だったので、その先生が教科指導に入っている学級の担任が、子どもたちに病気のことを話しました。

子どもたちは、それで先生の病気をはじめて知ったのです。いろいろな反応がありましたが、痛風は激痛が走る病気だと知り、心優しい女子生徒が、先生が教室に入ったとき、

「先生、痛みはどうですか？」

と優しく声をかけたそうです。

教師というのはこうした子どもの温かい一言がうれしいものです。直接子どもに自己開示したのではありませんが、**自己開示で教師と子どもの心のつながりができた**のです。

また、教育実習生が子どもとの距離がつかめず悩むことがありますが、多くの場合、学生の身分でありながら教師になりきらなくてはいけないプレッシャーが原因となっているようです。子どもの前でぶっちゃけ過ぎてもいけませんが、**時と場に応じて一学生である姿も見せることも、話を聞く気持ちを高めるうえでは有効**であると言えます。

ポイント

○子どもとの心の距離を縮めるために自己開示は有効。
○子どもが喜ぶ自己開示は、子どもと同じ年齢のころの失敗談。

子どもに話す技術

対話の目的に応じて、位置関係を使い分ける

》子どもとの折り入った話は「L字型」の位置関係で

子どもと個別面談などで一対一で話す際は、正面で向き合うのではなく、子どもに対して右側、あるいは左側に座り、子どもと教師がL字の位置（L字型）になるように座るとよいでしょう。この位置関係は、カウンセリングにおいては基本的なものです。

》位置関係は3種類

一対一の関係において、座る位置は**「正面型」「L字型」「真横型」**の3種類があります。

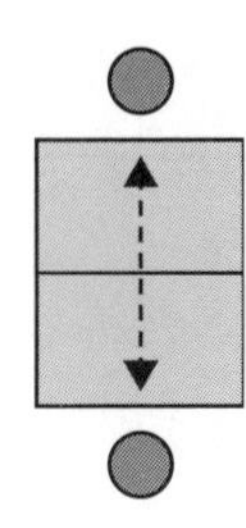

正面型

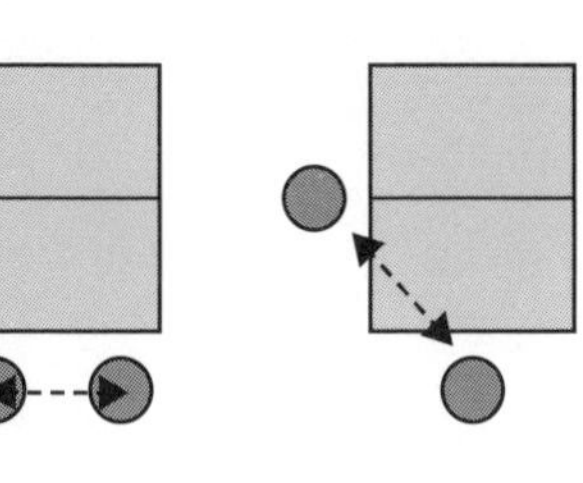

L字型　　真横型

「正面型」のメリットは、教師が子どもの表情や視線を捉えやすく、それを基に話を進めることができる点です。逆に、正面に座るデメリットは、子どもが教師の正面に座ることで緊張しすぎてしまい、話が進まない点です。

「L字型」のメリットは、子どもと教師の目線がぶつかることが少なく、自然な会話がしやすい点です。また、会話の中で表情を見たいときには表情を見ることもできます。「L字型」のデメリットは、「正面型」に比べどうしても視線や目の動きなどから気持ちを洞察しにくい点です。また、机の大きさによっては距離が近くなり過ぎてしまうことがあります。

「真横型」で個別面談をすることは、学校ではまずないでしょう。「真横型」は、一般的には恋人などが座る位置関係になるからです。

このようなメリット、デメリットから、個別面談などでは、子どもと自然な会話がしやすい「L字型」をおすすめします。

≫まずは受容することを第一とする

子どもと折り入って話す必要があるのは、よほどのことでしょう。

例えば、虐待が疑われるとき、いじめを受けているのではないかと思うとき、いじめをしているという情報が入っているとき、万引きをしたという噂があるとき、学級内で孤立しているとき…など、多様な場合があることと思います。

こうしたときは、格別に神経をつかいます。ちょっとした言葉が人権を侵すことになりかねません。ある子どもからいじめられているとの訴えがあり、事実を十分に確認したうえで、事情説明を求めました。しかし後日、保護者から「本人だけが悪いわけではないのに、担任は我が子がいじめの張本人と決めつけた言い方をした。許せない」と、強い苦情を受けたことがあります。こうした事実確認の話し合いは難しいものです。

ポイントは、**結論を急がない、ということ**です。まずは「こうした事実があるのではないかと心配している」ということを伝えましょう。そして、**本人が話すことを、内容にかかわらず受容すること**です。**子どもに騙されてもよい**のです。教師に受容されていないとわかれば、子どもは口を閉ざしてしまいます。

具体的な対話の様子がわかる例を示しておきます。

教　師　ごめんね、帰りを遅くして。最近気になっていることがあるんだ。わかるかい？
（「ごめんね」というはじめの一言が大切。子どもは、「なぜ私だけ残らないといけないの？」と思っていることを心しておきたい）

子ども　よくわかりません。

教　師　そうか、よくわからないか。じゃあ、何か先生に言っておきたいことはない？
（子どもの言葉をそのまま返し、次の質問をする）

子ども　何もありません。

教　師　そうか、何もないんだね。（決して焦らず言葉をつなぐ）

回りくどく見えるかもしれませんが、こうして受容的なやりとりを重ねるうちに、引き出したい事実に関連した言葉が子どもの口から出てきます。**それを待つことが重要**です。

ポイント

○子どもと深い話をしたいときは「L字型」の位置関係で。
○子どもの言葉をそのまま返すことが受容の第一歩。

子どもに話す技術

言葉を削り、シャープに伝える

》教師の話は長く、なかなか終わらない

大学生に、小中学生時代の教師の話を思い出してもらい、その印象を語ってもらったことがあります。残念ながら、内容が記憶に残っていた話はほとんどありませんでした。一方で、多くの大学生に共通する印象として、「話が長かった」「もう終わるかと思うと、次の話があり、なかなか終わらなかった」というものがありました。

卒業後十年近くも経っているので、話の内容が記憶に残っていないのは致し方ないとしても、せめて悪い印象だけは残さないようにしたいものです。

≫読点を少なく、句点を多く

国語授業名人の野口芳宏先生は、聞き手にわかりやすく話すコツを**「、（読点）を少なく、。（句点）を多く」**と表現されています。

ダラダラと長い話は、たいてい「…だけど、…で」「…とか、…とか」「…で、…だから」と、読点でつながっていきます。このようにして一文一文が長くなると、子どもたちはちゃんと聞いていても、教師が何を伝えたいのかわからず、要点を聞き取ることができません。

一方、句点が多い話し方は、「…と言います」「…が大切です」など、短く、リズムがよいので、聞いていて心地よく、内容も理解しやすいという特長があります。

≫わかりやすさのポイントは「一文一義」

話をわかりやすくするコツは、他にもあります。それは、**1つの文に2つ以上の事柄を入れない**ということです。1つの文にはあくまで1つの事柄のみを入れて話すということです。

例えば、当番活動の目的を再確認する場面です。

再確認の場面ということで、「前にも話したことですが…」といった前置きから入り、その流れで今必要がないようなことまでダラダラ話をしてしまいがちです。

聞く側の子どもからすると、「前にも話したことですが」と言われた時点で、「前にも聞いたことがある話ならいいや」となります。

大切なことは繰り返し伝えてもよいのですが、**できるだけムダを削ぎ落とし、シャープに伝える**ことです。

「当番活動は、この学級の一日が当たり前のように過ぎていくためのものです」

というように、ズバリ目的を言うべきです。

》結論を先に話す

シャープに話をするコツの1つとして、結論を先に伝えるということがあります。

「当番活動への取組を見直してもらいたいと思って、これから話をします」

などのように、はじめに結論を言い切ると話は短くなる傾向があり、少なくとも、聞き手が話の要点をつかめないようなことがありません。

また、教師のこうした姿は、子どもに対してよい見本になります。「意見を言うときは結論から言いなさい」と指導しなくても、**日頃の教師の話し方がそうであれば、子どもは自ずと真似るもの**です。

ポイント

○「教師の話は長い」ということへの自覚が必要。

○言葉を削ったり、結論から先に話したりすることでシャープに伝わる。

子どもの素直な反応から改善のヒントをつかむ

子どもたちの感想に鍛えられる

私の体験です。

月2回ほどある集会で校長講話をしていたのですが、講話をした日の夕方、ある学級から いつも感想が届くのです。やや大きめの付箋紙に、学級の子どもたちが校長講話の感想を書いて届けてくれるのです。

その感想を読むと、自分の講話がどれほど相手に伝わっているかがわかるのです。「校長先生、お話をありがとうございました」程度の感想が多いときは、話の内容は子どもの心にほとんど届いていないと感じました。一方、**講話で話したフレーズがそのまま書かれ**

ていたり、「私はこう思いました」といった自身の考えが書かれていたりすれば、伝えたいことがそれなりに伝わったと手応えを覚えました。

あるとき、ふと気がつきました。講話は授業が始まる前の朝の時間帯に行っています。一方、感想を書くのは授業がすべて終わった帰りの会です。この時間差で講話の内容を忘れている子どもがいると思い、担任に「感想を届けていただけるのはありがたいのですが、集会を終えて教室に入ったときに書かせていただけないでしょうか」とお願いしました。

すると、どのような言葉が返ってきたでしょう。

「校長先生、せめて当日の夕方までは覚えていられる講話をされればよいのでは…」

まったくその通りで、返す言葉がありませんでした。

≫感想から見える講話のポイント

講話に対する子どもの感想から学んだ、印象に残る話のポイントをいくつか示します。

●数値を入れて話す

「1年間に海外から日本に来た人の数は、昨年は31,882,049人です。つまり3200万人ほどです」

こうした話をしたとき、「日本に来た人の数が３２００万人とは驚いた」など、数値を感想に書く子どもが多数いました。「非常に多くの人が日本に来ています」では実感が伴わず、印象に残らないのだとわかりました。

●フリップ（フレーズや図を記した大型カード）を用いる

話を聞くことには三段階あることを伝えようとして、「聞く」「聴く」「訊く」の３枚のフリップを示しながら話したことがあります。フリップで文字を見せたことでわかりやすくなり、話の内容そのものにも興味をもってくれたようで、うれしい感想が多く届きました。参考までに、そのときの講話の一部を掲載します。

「今日は、君たちの授業を受けている様子を見て、ぜひとも話したいと思うことがあります。それは、『きく』ということです。『きく』を漢字で書いてみてください。どのような漢字が頭に浮かびましたか。『聞く』という漢字を浮かべた人が多いでしょう。でも、『聴く』という漢字もあります。さらに『訊く』という漢字もあります。『きく』の第一段階は、『聞く』です。この『聞く』は、入ってくる声や音をただなんとなく耳にしている状態です。『聞く』では小学生段階なので、中学生なら『聴く』でなくてはいけません。『聴く』は『聞く』と比べて耳が大きくなっていますね。(略)さらに私が望みたいのは、『訊く』です。この『訊く』は『尋ねる』の意味で使います。人の話を深く聞いている人は、『そのことはこういうことですね』『あなたはそのことについてどう考えますか』と、人の考えを受けてさらに深く尋ねようとします。これを『訊く』というのです」

●比較的な表現を用いる

「聞く」「聴く」「訊く」も一例ですが、比較的な表現を入れて話すと、記憶に留まりやすいようです。「『キラキラ』ではなく『ギラギラ』」「『はい』と『わかりました』」など、短いフレーズを入れて話すと、伝わり度が高くなります。

ポイント

○子どもの素直な感想は、一番的確な教師の話し方への評価。
○子どもの感想の中に、話し方を改善するヒントがある。

子どもに話す技術

落語の話術を取り入れる

≫落語の話術とは

落語をお聞きになったことがあるでしょうか。落語家は、登場人物の人柄から暮らしぶりまで、いちいち説明することなく聞き手に伝えてしまいます。その話術は、教師にとっても非常に参考になります。

そこで、落語家から直接聞いた話術の工夫の中から、教師にとって特に役に立ちそうな話術を3つ紹介します。

●重要な言葉のところだけ声の調子を一段上げる

例えば、「それは井戸の茶碗と言ってな」というセリフがあったとしましょう。「井戸の茶碗」は噺のテーマに当たる言葉なので、とても重要です。そこで、落語家さんは「それは（高い声を出して強く）井戸の茶碗（声を戻す）と言ってな」と話します。

これを授業で応用すると、例えば「これは垂直二等分線と言います」であれば、「これは（高い声を出して強く）垂直二等分線（声を戻す）と言います」

ちなみに、故桂米朝門下の落語家さんは、大切なところで声の調子を上げることをとても重視しています。

●一人芝居を入れる

落語は、登場人物がまるで聞き手の目の前で話しているように思わせる芸です。この手法は教室でも大いに活用できます。

例えば、こんな話があったとします。

「先日、電車の中で子どもがお母さんに『おしっこしたい』と言っているのが聞こえたんです。そのときお母さんが『早く言いなさい』と子どもに言ったら、子どもが早口で『おしっこしたい』と言ったのです」

これを落語風に伝えると、もっと聞き手は興味をもって聞きます。

「先日、電車に乗ったときです。私の隣に親子が座っていました。そこで、おもしろい話が聞こえてきたのです」

（顔を右上に向けて）「お母さん、おしっこしたい」

（顔を左下に向けて）「え〜、もっと早く言いなさいよ」

（再び顔を右上に向けて）「おしっこしたい」（早口で強く言います）

このように話すと、親子の状況がより臨場感をもって伝わります。

こういうときは、はずかしがらずに思い切って演ずることです。**話し手のはずかしいという気持ちは、聞き手に伝播します。**

●先に指や視線で注目させてから話す

落語家のしぐさと言葉に注目していると、しぐさが先に来ることが多くあります。ある師匠に尋ねてみると、確かに意識していると言われました。

具体的に説明しましょう。例えば、来客の目の前に置いた茶碗を指すしぐさがあるとしましょう。聞き手にわかるように、指で来客の前を指しながら、「その茶碗」と言いますが、茶碗を指すしぐさの方を「その茶碗」という言葉よりも、一瞬早くしているのです。聞き手の立場で考えてみると、落語家が指した方に視線が向かいます。その瞬間に「その茶碗」という言葉が添えられるわけですから、あそこに茶碗があるのだなとイメージできるわけです。

これを授業で応用してみると、先に指してから言葉を添えた方が子どもにとってはわかりやすいということです。

指で黒板の文字を指した後「はい、こちらを見てください」と言うのと、「はい、こちらを見てください」と言った後に指で黒板の文字を指すのでは、聞き手の注目度が違うというわけです。ちなみに、**指した後に意識して少し間をとると、子どもたちは教師が指を向けている方向をより注視します**。

このように落語の話術から教師が学ぶことはたくさんあります。

ポイント

○重要なところは意識して声の調子を一段上げて話す。
○話の中に一人芝居を入れるとイメージしやすさが上がる。

記憶に残るフレーズを入れる

≫「誠意はスピード」

多忙を極める教職員ですから、長い話は禁物。

伝えたいことを、印象に残るワンセンテンスで伝えることが有効です。

こうしたことから考え出したフレーズの1つに、「誠意はスピード」があります。この言葉の意味を説明する必要はないでしょう。うれしいことにこの言葉の普及度は抜群でした。何度も職員室で使われていることを耳にすることがありました。

「今日は、先日お願いをした書類の提出日です。校長先生が言われるように『誠意はスピードです』。よろしくお願いします」

「3日間にわたる個人懇談会、お疲れ様でした。学校として保護者に回答しなければならないことがありましたら、ぜひ早急にお知らせください。保護者にすぐに連絡します。『誠意はスピードです』」

短くわかりやすい言葉は、自然と広がっていきます。

》「子どもは授業を受けるプロ」

「教師は授業をするプロとしての自覚を持ちなさい」

という言葉は、一度ならずも聞いたことがあるのではないでしょうか。

となると、逆に考えれば、「子どもは授業を受けるプロ」なのです。

授業を受けるプロですから、教師がどれほど準備をして授業に臨んでいるかを見透かしているはずです。また、その先生が自分たちのことを真剣に考えてくれているのか、口先だけなのかを察することもしていると思います。

教師もかつては授業を受けるプロであったわけです。**授業をする側になり、そのときのことを忘れて授業をしていてはいけないと伝える言葉**です。

》「一人職は孤独だが孤立してはいけない」

この言葉は、校長や教頭、養護教諭、栄養教諭、事務主査・主事など、基本的に学校に一人だけで置かれる職の人に向けてつくりました。

一人職は、校内では他に同じ立場の人がいないので、相談相手がなかなかできません。したがって「孤独」を感じることはやむを得ません。しかし、「孤立」してはいけないのです。**孤立しているということは、他から情報が入ってくることが少ない**ということです。

このことを伝えたく思い、この言葉をつくりました。

校長や教頭時代は、この言葉を肝に銘じていました。孤立していると「裸の王様」になってしまうからです。実際、教職員からいろいろな情報が入ってくると、得た情報が最終決断をするために役に立つことが何度もありました。

》「ほめる種をまく」

この言葉は、大村はま先生の書籍から学びました。子どもをほめることは大切ですが、大村はま先生は、「ほめる種をまく」と題して、次のように言われました。

「いいことがあったらほめるのではなく、ほめることが出てくるように、ほめる種をまいていくことを考えたいと思います。そうせずに、いいことがあった子、よくできた子だけをほめていくと、まんべんなくほめるというわけにはなかなかいきません。少し学年が上になりますと、ほめるに値しないことをほめられたときは、喜ぶよりも、むしろいたわられているような辛い気持ちになるのではないでしょうか。教師は、子どもをほめることが大切ですが、ほめる種をまくほうにより重く心にとめておきたいものです」

（大村はま『灯し続けることば』（小学館、２００４）

優れた言葉を発した教育者・教育実践者は他にも多数います。**必ずしもオリジナルの言葉をつくる必要はありません**。教職員、同僚の心に残る言葉を大切にしましょう。

ポイント

○記憶に残るフレーズは、わかりやすく短い。
○他の人が活用しようと思える言葉を伝える。

子どもとのやりとりを基に伝える

≫大人は「よくわかりません」となかなか言えない

教員の世界に限らず、大人は相手が熱心に話していればいるほど、「よくわかりません」と言えません。したがって、話し手は伝えたと思っていても、聞き手には届いていないことがしばしばあります。

中でも、授業に関することは、**授業そのものへの考え方やそれまでの経験が違うので、伝えた「つもり」になってしまっていることがよくあります**。特に、教育実習生は指導を素直に受けることが大切と教えられているので、「はい、わかりました」と答えますが、実は真意が伝わっていなかった、ということが少なくありません。

≫子どもとのやりとりを入れて話す

子どもとの実際のやりとりを入れて話すことは、特に若い先生と話をするときに心がけるとよいでしょう。

「まずは発言した子どもをほめるとよいと思います」

と伝える場合と、

「まずは発言した子どもを、『なるほど、よく考えたね』とほめるとよいと思います」

と伝える場合では、伝わり具合が全然違ってきます。

かつて若い教師に、

「子どもの発言を受容して、他につなぐといいよ」

と助言しました。本人は「わかりました」と元気に応えてくれたのですが、次の機会に授業を見に行くと変わっていませんでした。

そこで「受容とつなぐ」という行為を具体的に伝えました。

「『受容』とは、発言に対して『なるほど！』と言うこと。『なるほど！』は発言したことをほめる魔法の言葉だよ。『つなぐ』は他の子どもに『どう？』と聞くことです」

と伝えました。次の機会に授業を見たときには「なるほど！」と「どう？」が多用されていました。やはり伝え方の問題なのです。

≫子どもの主体性が発揮されている姿とは

「主体性の育成」を研究テーマに掲げている学校で指導助言をしたときのことです。「先生方が考えられる、子どもが『主体性』を発揮している姿とは、どのようなものなのでしょうか」

こうお聞きしたのですが、具体的な姿が語られなかったのです。正直、これでは研究は深まらないと思いました。そこで、先生方一人ひとりに文章で書いてもらいました。正解は1つではありませんが、この作業を通して、ようやく子どもの主体性とは何かを具体的に考えられたようでした。

書いたことを発表していただいた際に印象に残ることがありました。特別支援学級の先生の発言です。その先生は、とある子どもとのやりとりを語られました。

「子どもの一人が何も指示をしないのに、漢字カードを3つに分け始めました。そこで、

『どうして3つに分けているの?』と聞くと、『こっちの漢字カードは全部覚えているもの、真ん中は半分覚えているもの、もう1つはまったく覚えていないものだよ』と答えました。何も指示をしていないのに、自らカードを分けたのです。そこで私は、『どのカードから勉強を始めようか?』と聞きました」

この発言を聞いておられた先生方の表情が明らかに変わりました。この先生の発言で、子どもの主体性のイメージがクリアになったのです。やはり、教育は子どもとのやりとりで語るのが一番伝わるのです。

文部科学省から授業改善について様々な提案が出されていますが、**そういった提案が求めているのは具体的にはどんなことなのかということも、具体的な子どもとのやりとりから言語化してみると、理解が深まる**はずです。

ポイント

○特に若い教師への助言は子どもとのやりとりを具体的な言葉にする。
○文書に書かれている事柄を子どものやりとりで具体的にイメージする。

教職員、同僚に話す技術

ほめ言葉は短く、即時に伝える

》熱量の違いは何が原因か

職員室での学年部会の様子を見ていて気づいたことがあります。

学年の話し合いの熱量に違いを感じたのです。もちろん、話し合っている内容によって熱量に違いは出てくるでしょうが、それでもなお、熱量が高く感じる学年と、低く感じる学年があるのです。

「この違いはどこから生じているのだろう」と聞き耳を立てて、わかったことがあります。

いつも熱量が高いと感じる学年の話し合いには、笑い声が多いのです。笑い声を聞いていて、その空間なら一緒に交わりたいと思います。

また、提案に対して「それはいいですね」「やってみましょうよ」「この学年の色が出ますね」など、前向きに捉える発言が聞こえてきます。言い換えれば、**相手を認めたりほめたりする言葉が多いので、自然に熱量が上がってくる**のでしょう。

一方で、高い熱量を感じられない学年は、沈黙が長く、「どうでしょう?」「うまくいくかなあ?」と問いや疑問の言葉が頻繁に聞こえてきます。

大人も前向きに評価されればうれしいものです。大人ですから、子どものように直接的なほめ言葉をかけられなくても、認めてもらっている、肯定してもらっていると感じられれば、やる気やエネルギーがわいてくるのでしょう。

≫ 評価はタイミングが命

評価は、かける言葉もさることながら、タイミングが重要です。

全校集会で、校長である私が話した後は、生徒指導主事が続けて講話をすることになっていました。この生徒指導主事はとても話がうまいのです。

講話の後、その生徒指導主事に感想を一言伝えようと思っていましたが、職員室に戻ると、すでに他所に行っていて、コメントを伝えるタイミングを失うことが多々ありました。

そこで、生徒指導主事が講話を終えて私の前を通り過ぎるときに、**「ナイスな話でした」「記憶に残る言葉でした」「エピソードがよかったです」など、一言で伝えることにしました**。ニコッとして頭を下げる生徒指導主事の姿から、この「即時評価」の有効性を実感したのです。

私が不在の集会で、生徒指導主事が「今日はぜひ校長に聞いてほしい話だったのに…」と言っていたと聞き、この一言を楽しみにしてくれていたことがよくわかりました。

》授業中の即時評価が校長室訪問を促す

この即時評価は、日常的な授業研究でも役に立ちます。

例えば、若手の先生の教室に足を運び、授業を参観して後で助言をしても、当の本人がどの場面のことかよく覚えていない、ということが少なくありません。

そこで例えば、1つの発問で子どもの話し合いが活発になったとき、子どもが考えをノートに書く時間などのタイミングを見計らってその教師の傍に行き、小声で一言「いい発問でしたね。子どもが一気に変わりました」と伝えます。そして、「この続きは夕方にでも…」と添えて、教室を出ていきます。

このように言われた教師は気になって仕方がありません。夕方になると「先生、授業を見ていただきありがとうございました。あの続きをぜひ教えてください」とやってきます。**ほめ言葉が次のコミュニケーションを生み出した**のです。

他にも、休憩時間中の廊下ですれ違った先生に、その学級の掲示物を一言ほめる、というようなこともあります。「あとで職員室で伝えよう…」などと思っていると、タイミングを逃すことが少なくありません。やはり即時評価が効果的です。

ポイント

○話し合いの熱量は、ほめ言葉の量に比例する。
○よいと思ったことは、短く即時に伝える。

保護者に話す技術

「先生は我が子をよく見てくれている」と感じさせる

≫クレーム対応のプロはどうしているのか

保護者へ話をするときに参考にするとよいのが、企業などのお客様電話相談室、いわばクレーム対応の窓口の方々です。この方々は、電話の横にあるものを置いていると言われます。さて何だと思いますか？

それは**「鏡」**です。なぜなのでしょう。

わざわざお客様相談室に電話をしてくるのですから、それなりの理由があるはずです。困ったことがあるからこそ電話をしてくるのです。おそらく電話をするまでに説明資料を見たり、インターネットで調べたりしているはずです。それでも解決しないので電話相談室とつながろうとしたのです。

イライラが募っていたり、感情が高ぶっていたりすることが容易に想像できます。そのような相手に対して、自分も感情を高ぶらせてしまっては、話はできません。ですから、笑顔で気持ちよく対応するために、鏡を置いておくのだそうです。**相手に表情豊かに話すことは、電話であっても対面であっても大切なこと**です。

相手の状況に配慮する

こちらから保護者に電話するとき、自分にとっては今がちょうどよいタイミングかもしれません。しかし、保護者も同様にタイミングがよいとは限りません。電話口の相手の都合を確認するのはだれもがすることですが、**保護者にいきなり用件を切り出してしまう教師は意外と多くいます**。

「夕食時にすみません。今、お時間を頂戴してもよろしいでしょうか」

「お忙しいところ申し訳ありません。お話ししたいことがあるのですが、お時間をいただいてもよろしいでしょうか」

と、まずは相手の状況を配慮する姿勢を示しましょう。

≫「先生は我が子を見てくれている」と感じてもらう

電話であっても対面であっても、保護者と話すときに大切なことは、「この先生は我が子のことをとてもよく見てくれている」と保護者に感じてもらうことです。

だれしも自分の子どもはかわいいものです。保護者のそうした気持ちを受容し、その気持ちに寄り添おうとする教師の姿勢は、保護者とかかわるうえでの根本です。

もちろん、子どものことをよく見ているといっても限界があります。それでも、どの子どももしっかり捉えようとする普段の姿勢は、言葉の端々に表れるものです。保護者が「我が子には…というところがありまして」と言われたとき、**「なるほど」というあいづち1つにしても、心から発しているか、話を合わせるために発しているかは、相手に伝わるもの**です。

ある生徒の保護者との個人懇談会のとき、

「先生、テスト前になると問題集を提出しなさいと言われますが、うちの子は答えを写して赤丸をつけて出しているんです。これで力がつくんでしょうか？」

と聞かれました。

その保護者とは日頃からやりとりをしていて、信頼していただいていると感じていたので、正直に「力はつきません」と答えました。

そのうえで、

「でも、お子さんは提出日には必ず出します。社会に出たら、約束の日を守ることはとても大切なことです」

と添えました。すると、

「ありがとうございます。約束だけは守りなさいと言い続けてきたのです。我が子のよいところを見ていてくださり、ありがとうございました」

と言われました。このときの保護者の笑顔は忘れられません。

ポイント

○電話で話すときにも笑顔を忘れない。

○「先生は我が子をよく見てくれている」と保護者に感じてもらう。

保護者に話す技術

「保護者9割、教師1割」の配分を意識する

》「話すのは保護者」と心得る

学級担任時代の話です。

個人懇談会の前には保護者に伝える内容を整理し、しっかり準備をして臨みました。そのため、15分ほどの懇談会の時間はあっという間に過ぎ、メモしたことすべてを伝えることができないほどでした。自分としては情報提供がしっかりできたと満足していました。

しかし、それはあくまでも自己満足だったと気づくことがありました。

自分の子どもが学校に通うようになり、保護者として担任の話を聞くことになったのです。担任の先生と話す機会はなかなかないので、この機会にいろいろお聞きしたいと思っ

て臨んだのですが、先生がたくさんの話題を用意しておられ、それを聞いているうちに終了時刻になってしまったのです。延長してもらうのも申し訳ないと思い、そのまま教室を出ましたが、物足りなさを感じました。

そこで気づいたのは、自分、つまり保護者がほとんど話をしていなかったということです。先生と自分との双方向のやりとりがなく、「懇談」の感覚をもてなかったのです。

保護者の話をしっかり聞くためのポイント

保護者の話をしっかり聞くために重要なことを2点あげます。

●「保護者9割、教師1割」の姿勢で臨む

懇談会など場を設定して話すときの姿勢です。保護者が9割というのはいくらなんでも割合が大き過ぎると感じるかもしれませんが、**それでもつい自分が話そうとしてしまうのが教師の性なので、これぐらいの意識でいるのがちょうどよい**のです。

●話を途中で遮ったり、説得にかかったりしない

経験が浅い教師ほど、少し批判的なことを言われると、すぐにそのことについて説得（反論）したくなる傾向があるようです。たとえ質問であっても、まずは最後まで話を聞くことです。**保護者の話し始めが批判的に感じられても、じっと聞いていると、「…で、先生のお気持ちがよくわかりました」という終わり方になることも少なくない**からです。

≫態度の大切さ

保護者に、「先生は私の話をしっかり聞いてくれている」と感じてもらうには、態度も重要です。具体的には以下のようなことです。

○あいづちを打つ
○うなずく
○一番伝えたいことは何かを考えながら聞く
○「いつでも一緒に考えますよ」という気持ちで話を聞く
○困りごとを丁寧に確認し、担任や学校ができること、家庭ができることなどを明らかに

していく

「メラビアンの法則」という有名な法則がありますが、これは、好意や反感などの態度・感情のコミュニケーションで、どちらとも取れるようなメッセージを送ったら、相手が声の調子や身体言語を重視するという実験結果に基づくものです。具体的には表情・仕草・見た目・視線などの「視覚情報」による印象が55％を占めるといいます。この法則はコミュニケーション全般にあてはまるものとは言えませんが、コミュニケーションにおける態度の重要性を物語る一例と言えます。

ところで、保護者を懇談会場へ迎え入れるときに、笑顔を意識しているでしょうか。**笑顔は相手に与える重要な視覚情報**です。笑みをたたえて「どうぞお入りください」と明るい声で迎え入れましょう。こうした些細な気配りが、保護者に好印象をもたらします。

ポイント

- **○保護者自身がしっかり話すことができたと感じることが大切。**
- **○コミュニケーションにおける態度に留意する。**

保護者に話す技術

「いつ」を明確にする

≫「また連絡します」で生じる誤解

校長をしていたときに届いた苦情です。

「○○先生に『また連絡をします』と言われたのに、まったく連絡がありません。誠意が感じられません。どういう先生なのでしょうか？」

話を聞きながら、忙しくて連絡を忘れてしまったのだなと思い、さっそく○○先生を校長室に呼び、電話の内容を伝えました。ところが、本人は連絡をすると言ったことはしっかり覚えていたのです。そして、まだ事情がはっきりしないので、もう少し明確に話せるようになったら電話をしようと思っているとのことでした。

そこで、保護者にどのように伝えたのかを確認すると、「また連絡します」といった感じで話を終えていることがわかりました。これで苦情が届いた理由がわかりました。**保護者が「また」と言われたら、「できるだけ早く」、せっかちな保護者なら「明日にでも」と思うもの**でしょう。一方、○○先生の「また」は、「説明がしっかりできるようになったら」というつもりだったのです。こうした解釈の違いによるタイムラグが、苦情という形になって表れたのです。

》「○日○時ごろに連絡します」と明示する

企業のお客様相談室に電話やメールで質問をすると、回答をする担当組織名とその日時が示されます。最近は、相談室から関係組織へ即座につなぎ、即日返答する企業がほとんどです。即日でなくても、○日○時ごろまで待てばよいことがわかれば、相談者はストレスが溜まりません。

一般社会でこうした状況であることを踏まえると、「また連絡します」という約束には誠意が感じられません。相談事への真剣さが感じられないと相手にとられても致し方ありません。

誤解を生むことがないように、回答が必要な場合、「○日○時ごろにお伝えします」というように、日時を明示しましょう。

「その日時までに回答ができる状況にならなかったらどうしたらよいでしょう」と質問を受けたことがあります。その場合も、示した日時に連絡をすることが大切です。

「今日までにはっきりできると思ってお約束しましたが、…という事情であと2日待っていただけないでしょうか」

と伝えればよいのです。

もっとも、**延期も1回まで**です。2回、3回と待たせてはいけません。相手の目線に立って考えれば納得できることだと思います。

ポイント

○「いつ」を曖昧にすると誤解が生じる。

○約束した日時に回答できないときも、連絡は必ずする。

第4章

これができればあなたも一流！
もっと話し上手になるための「応用」技術

菱田さつき

言葉は思いを伝えるためにある

本章は、話し上手になるための応用技術をご紹介する章ですが、その前に考えていただきたいことを最初に述べます。本章の最後の項目「すべての技術は思いを伝えるためにある」にもつながる内容になっています。

≫心に残るあいさつ、心に残らないあいさつ

私は、司会の仕事を約20年続けています。イベントや式典、企業の周年事業や講演会など様々な現場があります。その中に結婚披露宴の司会もあります。これまでに約1000組の新郎新婦のお伴をさせていただきました。1000組と一口に言っても、すべて人が

違うわけですから、１０００組あれば１０００通りの披露宴があり、同じものは１つとしてなく、すべてがオリジナルなわけです。しかし、ここまでの数になると、よほど印象的な披露宴でないと、なかなか記憶に残らないというのが正直なところです。

披露宴の進行も多様化していますが、必ずと言っていいほど行われるのが、新郎様のごあいさつです。ですから約１０００回の新郎あいさつを聞いてきたわけです。

タイミングとしては披露宴の一番最後です（婚礼の席では「最後」という言葉は忌み言葉として嫌われるので「結び」などと言い換えます）。ごあいさつのスタイルは自由なので、あらかじめ原稿を書いて準備される方、その場でアドリブで話す方、一応原稿は準備するけれどそのときのお気持ちを優先される方など様々です。

すべて個性があってすばらしいのですが、残念ながら、しっかり思いが伝わってくるごあいさつと、あまり心に響かないごあいさつがあります。

心に響かないごあいさつとは、やはり**定型文**です。打ち合わせの際、「新郎あいさつって何を話したらいいのですか？」というご質問をいただくことがあります。私は、「基本は皆様へのお礼ですが、その日をお過ごしになって一番心に感じたことをお話しされればいいと思いますよ」とお答えします。しかし、人前で話すことに不慣れな方がほとんどですし、来賓に失礼があってはいけないとご心配されるお気持ちも理解できます。

中には「あいさつのひな形はありませんか?」と聞かれる方もいらっしゃいますが、「ご用意していません」とお答えします。本当は、ネットで検索すれば山のように見本が載っていますが、**そこにご自身の思いは載っていません**。そこにあるのは、どこかのだれかが書いた、手垢にまみれた紋切型の定型文です。実際ひな形に合わせて原稿を書いて来られる新郎様もいらっしゃいます。それが悪いとは言いませんが、そのごあいさつは、当日ご出席くださっている新郎新婦にとって大切な方々の心には残念ながら届かないのです。

そんな中、一人、私の記憶にはっきりと残っている新郎のごあいさつがあります。

その新郎様は、ごあいさつの原稿を書いて準備して来られました。新郎あいさつの場面、スタッフからマイクを渡された新郎様は、タキシードの内ポケットから原稿を取り出して広げました。しかし、しばらく経ってもなかなか話し出さないのです。離れた司会台から見ると、感極まって声が出ないご様子でした。涙を堪えてうつむく新郎様に、会場内から「がんばれ!」「泣くなあ!」と声援が飛び始めました。それからまたしばらくして、うつむいていた新郎様は顔を上げ、手にしていた原稿をたたみ内ポケットにしまいました。そして、天井を一度見上げて大きな深呼吸をしてから持っていたマイクをスッと下に降ろし、お腹の底から絞り出すように会場中に響き渡る声でたった一言おっしゃいました。

「ありがとうございました！」

そして、頭のてっぺんが見えるほどに深々とお辞儀をしたまま小さく震えていらっしゃったのです。会場内が一瞬水を打ったかのようになった後、割れんばかりの拍手に包まれ、披露宴はお開きとなりました。

きっとこの新郎様は、原稿に並んだ文字では、ご自分が感じている抱えきれないほどの感謝の気持ちを伝えきれないと思ったけれど、他に言葉が見つからなかったのでしょう。しかし、たった11文字の言葉に新郎様の思いがすべて詰まっていたからこそ、全員の心に届き大きな感動を生んだのです。

言葉は思いを伝えるためにありますが、多くを語れば伝わるわけではないということを、改めて感じた出来事でした。

ポイント

○何より大事なのは、話す人自身の思い。

堂々と落ち着いて見られるための4つのポイント

≫一挙手一投足に意味をつけられてしまう

人前に立つ職業の人は、「常に見られている」という意識をもつことが必要です。自分の意思とは関係なく、見た人が推測して印象をもつからです。

人前で話すときは、やはり堂々と落ち着いて見られたいものです。そのために、次の4つのことを意識します。

1　背筋を伸ばす
2　ゆっくりと歩く
3　目線をキョロキョロ動かさない
4　笑顔を絶やさない

４は、笑顔といっても、口角を上げているだけで大丈夫です。

何か不安がよぎっても、決して困った顔をしたり、眉間にシワを寄せたりしてはいけません。**不安そうな表情や落ち着かない振る舞いをすると、見ている方も不安になります。**

以前、司会をさせていただいた新郎新婦様から言われたことがあります。事前の打ち合わせを済ませて迎えた披露宴当日。私は満面の笑顔で新郎新婦様にお会いしました。すると、新婦様が私におっしゃったのです。

「昨日、電車で菱田さんを見かけたのでごあいさつしようと思ったんですけれど、とても疲れてる感じだったので、声かけるのやめちゃいました」

ハッとしました。私は、電車の中なんてだれに気をつかう必要もない場所だ、と思いきり気を抜いていたのです。自分の気持ちの油断がはずかしくなりました。

ポイント

○「常に見られている」という意識をもつ。
○姿勢・表情・動作などは意図をもって表現する。

自分の言葉で話すための3つのポイント

》伝わらないのはなぜか

以前、会社経営者の男性がスピーチの個人レッスンを受講してくださったときのことです。部下の男性が結婚することになり、主賓祝辞を頼まれたので練習したいとのことでした。はじめてのことで、何を話したらよいのかすらわからない、とお困りの様子でした。

そこで、披露宴独特の流れや特徴、気をつけることなどから、新郎様のお人柄やエピソードなどをお聞きして、スピーチの内容を決めていきました。

ところが、この方は「原稿も書いてくれないか」とおっしゃったのです。インタビューをして、私が原稿を書くこと自体は可能です。同業の中にはそれを仕事にしているスピーチライターもいます。しかし、私はお断りをしています。なぜなら、**他人が書いた原稿を読むと、だれもが例外なく棒読みになり、いかにも「読んでいます」という調子になってしまうから**です。それでは思いは伝わりません。

「原稿があれば、読むだけだから楽だ」と思われるかもしれませんが、原稿を読むには、それはそれで技術が必要です。棒読みにならずに読めるのは、トレーニングを積んだプロだけです。ですから、自分の思いを、自分の言葉で書くことが必要なのです。

では、自分の言葉とは、具体的にどういうことでしょうか。

私たちが普段使っている日本語自体は、自分のオリジナルではありません。どんなときにどんな順番で組み合わせて話すのかを選択しているだけです。自分の言葉というのは、**インプットしたものをいったん自分の腹に落として咀嚼してからアウトプットする**ことで生まれます。ポイントは、次の３つです。

1　知識より体験を語る

2　感情を語る

3　正論、一般論は語らない

まずは、知識より体験を語ること。

知識は本を読んだりインターネットで調べたりすればだれでも話すことができますが、その人が体験したことはその人にしか語れません。そのときに起きたことや感じたことは自分だけのものです。**本で読んだことでも、それを実際にやってみたらこんな学びがあった、こんな発見があった、と体験を通して語れば、それは自分の言葉になります。**

次に、感情を語ること。

実際に自分が体験したときにどう感じたのか、どんなふうに感情が動いたのかを語ります。自分が感じたことに正しいも間違いもありません。ただし、**格好よく見せようとしてはいけません。**本当に感じたままのことを語りましょう。

最後に、正論、一般論は語らないこと。

正論ほど元も子もなくつまらないものはありません。**正論は相手を思考停止させてしまう力をもっています。**そして一般論は、どこのだれともわからない、いわゆる「みんな」が言っているであろうことで、自分の意見ではありません。

スピーチでやたらと有名人や偉人の名言を引用する方がいらっしゃいますが、私はあまりおすすめしません。同じことを言いたいのなら、自分の経験に置き換えて、そのときの感情を乗せてお話しする方が、語り手の思いはよく伝わります。

だれかの言葉や紋切型の慣用句、このあいさつのときにはこの言い回し…というように、手垢にまみれて使い古された言葉は、だれもがついつい使ってしまいがちです。「このくらい言っておけばいいだろう」と本人は安心するかもしれませんが、聞いている人に思いは伝わりません。**少しの勇気をもって、自分の感情をありのままに語ってみてください**。きっと聞く人の心に届く話ができるでしょう。

ポイント

○どこかで聞いたことのある言葉ではなく、自分の言葉で話す。
○体験を通した正直な感情を語ることで、言葉が共感を呼ぶ。

「名脇役」になるためにしてはならない3つのこと

≫自分の考えや主張は求められているのか

司会者として駆け出しのころに先輩からよく言われたことです。司会者の役割で一番重要なのは、時間通りに進行していくこと。次は、名前を絶対に間違えないこと。これができて一人前だというのです。

ところが、司会はおもしろいことを言って笑わせて、会場を盛り上げなくてはいけないと勘違いされることがよくあります。おそらく、テレビでお笑い芸人さんが番組の司会をしている様子をイメージしているのだと思いますが、司会の本来の仕事は、その場の交通整理です。滞りなく進行して時間内に終わらせることが何より大切なのです。

そしてもう1つ、勘違いしてしまいがちなのが、自分の意見や主張を話してしまうこと。中には、自分が話すことで時間を取って進行を遅らせてしまうという司会者もいます。

これは、「司会者じゃないから関係ない」ということではありません。もちろん、教室でも会議でも同様です。**今この場の主役はだれなのか、自分の立ち位置はどこなのか、ということを常に意識すること**です。

例えば、子どもたちに活発に意見を出し合ってほしい場面で、先生が先に自分の意見を言ったり、生徒の意見をいちいち評価したりしていては、本来の目的からは遠ざかってしまいます。

要するに、主役である子どもをいかに輝かせるかが、先生の腕の見せ所なのです。**主役である子どもを生かすも殺すも、脇役である先生次第**です。

先生が名脇役になるために、やりがちだけれど特に避けなくてはならないのが、次の3つです。

1　自己主張　　2　補足　　3　評価

まずは、自己主張。

様々な意見が飛び交う場では、ついつい自分も意見を言いたくなります。しかし、自分の有能さをアピールする必要はありませんし、意見も求められてはいません。求められているのは、**全体を俯瞰で見て、全員が発言できるように気を配り、その場の目的という正しい方向に進めること**なのです。


続いて、補足。

だれかの発言に対して「今の意見に補足なのですが」と言って情報をつけ加えることはやめましょう。それをやられてしまうと、せっかく発言した子どものプライドを傷つけ、モチベーションを下げてしまいます。**どうしても伝えておかなければならない重要なことであれば、タイミングを見て本人に直接伝え、本人から補足してもらいましょう。**


最後に、評価。

だれかの発言に対して「それはいいですね」「それはちょっと現実的ではないので難しくないですか」などと、何の気なしに評価をしないということです。これは、**悪気なく、**

よかれと思って言ってしまいがちなので、特に注意が必要です。

また、少し高度なスキルになりますが、**あえてしゃべらないことが有効な場面もあります**。例えば、だれかが発言をしているとき、少し言葉に詰まったり、考えてしまうことがあっても、急かさず待つのです。

例えば、本章冒頭でご紹介した新郎様が言葉を探していた沈黙の時間、司会者の私が何か言葉を挟んでいたら、その場は台なしになっていたでしょう。間ができてしまうと、ついつい場をつなごうという意識が働きがちなのですが、**沈黙を恐れず、相手を信じて待つことも時には必要**なのです。

ポイント

○自分の立ち位置を把握し、全体を俯瞰で見る。
○その場が正しい方向に進んでいるかを常に確認して、交通整理をする。

過不足や誤解なく伝えきるための3つのポイント

≫聞き手の理解力に責任はない

話すことはコミュニケーションを取るための手段の1つであり、自分の思いを相手に伝えるための行為です。伝えたい思いが何もないなら言葉にする必要はありませんし、伝えたい相手がいないのにただしゃべるだけならばそれは独り言です。逆に言うと、相手がいて、伝えたい思いがあるなら、それが伝わらなければ意味がありません。

自分が相手に伝えたことが伝わっておらず、「言いましたよね」「いいえ、聞いていません」という不毛な応酬をした経験は私にもあります。このような場合、いったいどちらが悪いのでしょう。

それは伝えた側です。**伝えた側が、相手に伝わるような伝え方をしなかったから伝わらなかった**のです。「聞く側の理解力がない」「話を聞く態度が悪い」などと言うのは、伝える力のなさをアピールしていることに等しいと言えます。そして、学校でも会社でも立場が上の人ほど、その責任があると理解しておく方がよいでしょう。

しかしながら、聞く側には責任がないから何も努力しなくてよいかと言うと、もちろん、そうではありません。聞く側には聞く側の責任があり、やるべきことがあります。しかし、このように卵が先か鶏が先かというような水かけ論になりそうな問題は、どちらがスタートかを決めておく方がわかりやすいのです。この場合は伝える側がスタートです。

では、過不足なく、誤解なく相手に伝えるためには何が必要なのでしょうか。

ポイントは、次の3つです。

1　相手の理解度を確認しながら話す
2　具体的な表現を用いる
3　復唱してもらう

まずは、相手の理解度を確認しながら話すこと。伝えたいことを一気に話すのではなく、少しずつ区切り**「ここまで大丈夫ですか？」「ここまでで質問はありませんか？」**など、相手と自分の理解に相違がないかを都度確認します。早い段階でボタンのかけ違いが起きると、後の軌道修正が大変になります。

続いて、具体的な表現を用いること。感覚的で曖昧な表現は避けましょう。**「少し」「なるべく早く」「若干」などの言葉は人によって感覚が様々なので危険**です。このような、感覚次第で変化してしまう相対的な表現ではなく、絶対的な数字や定量情報で表現するようにします。「少し」ではなく、時間なら「5分程度」、距離なら「30ｍくらい」、「なるべく早く」ではなく、「明日の夕方5時までに」などと表現します。

最後に、復唱してもらうこと。仕事の指示などでは特に必要です。用件をすべて伝えた後に要点を復唱してもらい、間違いがないか確認します。そのためには、聞き手がメモを取っている必要があります。メモを用意していなかったら、はじめにメモの準備をしてもらいます。確認のポイントは「いつ」「だれが」「どこで」「何を」「どうする」が基本です。

これらのポイントを実行するには、聞く側の姿勢も重要です。しかし、何度も言いますが、そこに焦点を当てるのではなく、相手と自分の価値観は違うことを認識することからスタートする方が、些末なことに気を取られてムダな時間を費やしたり、不必要にイライラしたりしなくて済みます。

伝わらなかったときについつい言ってしまう言葉が「普通」「常識」です。自分にとって「少し」は2～3分なのに、相手は10分だと理解していたとなると「『少し』と言ったら普通は2～3分くらいじゃない？」という具合です。これは、具体的に伝えなかったことと、常識は人によって違うということを理解していなかったために起きたミスです。

コミュニケーションに「察する」「暗黙の了解」「以心伝心」は機能しないと思ってください。それを期待して自分の思う通りに伝わっていないとイライラするのは傲慢です。

ポイント

○相手の立ち位置を理解して、相手に合わせた言葉で伝える。
○自分の常識は自分だけの常識、相手の常識は相手だけの常識と心得る。

より聞き手をひきつけるための2つのテクニック

》五感と人それぞれの優位感覚で表現する

自分の思いを伝えるために必要なのは言葉です。私たちは普段、大抵の場合は日本語という共通言語で意思疎通を図っています。また、コミュニティの中だけで通じる専門用語や略語、隠語なども、コミュニケーションを深めるために一役買っています。

ただ、どんなにおもしろい話も心温まる話も、ただ言葉を並べて発するだけでは、そのよさが伝わりきらないことがあります。言葉に加えて、表情や身振り手振り、声の調子などの総合的な表現力で伝わるのです。

ここでは、より聞き手をひきつけるための２つのテクニックをご紹介します。

1 聞き手の感覚に働きかける
2 話の組み立てを工夫する

まずは、聞き手の感覚に働きかけること。

人には、「優位感覚」というものがあります。人の感覚は、視覚、聴覚、体感覚の3つに大きく分かれますが、人によってどの感覚を一番よく働かせているのかは違うのです。

例えば、視覚優位な人は、写真やグラフ、図などがあると理解度が高まります。自分が人に何かを伝えるときも、写真や図など目に見えるものを好んで使用します。

聴覚優位の人は、言葉で説明されることを好み、また自分もそうします。

体感覚は五感の中の触覚、嗅覚、味覚の3つです。とにかくやってみて、どんな体感だったのかという自分の感覚や感性を重視します。

しかし、当然話し手には聞いている人がどの感覚が優位なのかはわかりませんし、大勢いれば3つのタイプが入り混じっています。ですから、**どのタイプにもヒットするように**

3つの表現方法を織り交ぜます。

視覚……スライドで写真やイラストを見せる／身振り手振りを交えて話す
聴覚……丁寧に言葉で五感を表現する／文章を読む
体感覚…ワークなどを交えて実際に体感してもらう

例えば、何かおすすめしたいものがある場合、写真で見せる（視覚）、言葉で特徴を説明する（聴覚）、実際に手に取って試しに使ってもらう（体感覚）、といったことを織り交ぜます。

次に、話の組み立てを工夫することです。

「結論を先に話してから理由や根拠などを話す」という組み立ては、仕事の場や報告するべきことがあるときに向いています。「途中で何を話そうとしていたのか自分でもわからなくなってしまった」ということがよくある方にもおすすめです。

また、ドラマチックに話を伝えたいなら、**「序破急」**という組み立てがあります。序は導入、破は展開、急は結論という順番で、オチを最後にもってくる方法です。起承転結は四部構成ですが、序破急は三部構成です。

もう1つは、「時系列」という組み立てです。過去から現在までを順番通りに話すことが一般的な時系列ですが、応用編として、**「時系列を意図的に入れ替える」**という組み立てもあります。例えば、現在から始まって過去に遡っていく方法。現在から始まって一気に過去に戻り、そこから順に現在に戻ってきて未来までいく方法。このような構成は映画やドラマなどによく見られ、よりドラマチックに伝えることができます。

このように、同じ内容の話をするのでも、聞き手の感覚に働きかけたり、話の組み立てを工夫したりすることで、伝わりやすさや聞き手の引き込まれ方がガラッと変わります。同じ料理でも盛りつける器や照明などで味が違ってくるのと同じです。

せっかくすばらしい思いを伝えるわけですから、素材のまま届けるのもよいですが、より効果的に伝えるテクニックを使ってみてください。

ポイント

○見る、聞く、感じるのすべてに働きかける。
○内容に応じて、話の組み立てを工夫する。

理想の話し方にたどり着くためのプロセス

≫現在地と目的地を明確にする

スピーチ講座や個人レッスンに来られる方は、「人前で上手に話せるようになりたい」と思っていらっしゃいます。この「上手に」というのは非常に曖昧で、人によって認識がだいぶ違います。当然、人によって求めるものや目指すゴールも違います。

ですから、まずはその目的地がどこなのかをお聞きして定めます。そして、今自分がどこにいるのかを明確にします。つまり、現在地と目的地の両方を明確にしないと、そこまでの手段が決められないのです（カーナビも、現在地と目的地を入力しないと道案内ができませんよね?:）。

今自分がいる地点を知るには、他者から教えてもらうのが一番です。自分ではなかなか自分を客観視できないので、

「あなたはこんな声で、こんな話し方で、こんな印象に見えます」とフィードバックをもらうのです。もしくは、自分が話しているところを録画して見てみるというのも有効です。私のレッスンや講座では、この両方を行っています。

そして、目的地設定では、**自分が憧れている理想とする話し方を具体的に言葉にしていただきます**。「明るい」「頼りがいがある」「落ち着いている」などですが、一番望ましいのは、**この人というモデルを決めること**です。だれか理想とするモデルを一人設定し、その人はどんなテンポで、どんな言葉づかいで、どんな間の取り方をしているのかなどを具体的に言葉にします。そしてその人の真似をすることから始めるのです。

ここでのポイントは、**まずは「そっくりそのまま真似する」ということ**です。この段階では自分らしさは要りません。真似を続けていくと、だんだん「ここはこっちの方がいいな」ということが出てくるので、そこでアレンジを加え始めます。そして、それを続けていくと、いよいよ自分らしいオリジナルができあがるという流れです。

このようにして、現在地と目的地の距離を縮めていくのです。

ところで、人前に出ると非常に緊張してしまうことへの対処法として、「ありのままの自分で話せば大丈夫」と言う方がいらっしゃいますが、私はこれには賛成しかねます。

そもそも、慣れない人前で緊張して硬くなってしまうのに、普段通りの自分など出せないでしょう。普段通りの自分をさらけ出せるほどにリラックスできる人なら、はじめから緊張しません。

おそらく意味合いとしては、「自分が人からどう見られているのかを気にする必要などないから、いつもの自分らしくありのままでいればよい」ということなのでしょう。もちろん、人からどう見られているかを過剰に気にする必要はありません。しかし、**「自分をどう見せたいのか」は意識しておく必要があります**。

なぜなら、**人前で話すことそれ自体が目的ではないから**です。それぞれに何かしらの目的や目標があり、そこに向かうための手段として言葉を使って思いを伝えるのです。ですから、そのためにはどんな自分に見せたいのかを定めておくことが重要です。

例えば、重要な仕事を任されたいのなら、人から信頼してもらえるような話し方を身につける必要があります。具体的には、ゆっくりと落ち着いたテンポで、間をたっぷり取って話せるとよいでしょう。内心はドキドキしていても、それが見えなければよいのです。

また、皆を元気づけて鼓舞したいなら、だれよりも明るく元気に話す必要があります。具体的には、大きな声で、身振り手振りも大きく、笑顔で話します。**本来の自分がそうではないとしても、まわりからそう見られた方が目的に近づけるなら、その姿を演じて見せる必要もある**のです。

自分の現在地と目的地を明確にすることで、どんな手段でどこのルートを通ったらよいのかがわかります。目的地は理想とする自分です。手段やルートは練習方法です。実際にはまだ中身が伴っていなかったとしても、理想像を演じてみると、まわりの自分を見る目や扱いが変わってきます。まわりからそう見られることで、そこから自信が生まれてくるのです。ここで意識せずとも自分らしさが自然と醸し出されてきます。

この自信こそが、人前で上手に話せることの「上手」の正体なのです。

ポイント

○他者からフィードバックしてもらい、自分の現在地を知る。
○モデルを決めて、徹底的にモノマネすることから始める。

視覚情報と聴覚情報の両方を意識する

≫コミュニケーションの3つの方法

私たちは、他者とコミュニケーションを取る際に、主に**「言語」「準言語」「非言語」**という3つの方法を使っています。

言語は、言葉そのものや話の内容です。話すだけでなく、文字にして伝えるという方法もあります。準言語は、声の大きさやスピードなどといった聴覚情報のことです。非言語は、表情や身振り手振り、態度などの視覚情報です。この3つの中で唯一目に見えないのが準言語、つまり聴覚情報です。

人は一般的に、五感のうち視覚から相手の情報を最も多く得て、それにより自分なりの価値観で様々な解釈をつけていきます。つまり、その人の表情や姿勢、身振り手振りなどでどんな人なのかを判断していくわけです。また、手書きの文字の場合でも、大きく殴り書きのような文字なのか、細かくて繊細な文字なのかで与える印象が変わります。

しかし、電話の場合、音声通話のみでのやりとりで、お互いの姿形が見えないので、ついつい気を抜いてしまいがちです。いすにふんぞり返って足を投げ出したままで通話したり、顔が見えないからといって無表情や仏頂面で話したり。しかし、このような態度は受話器を通して相手に伝わってしまいます。

逆のパターンで考えてみましょう。例えば電話で保護者の方からお叱りを受けたとします。このときおそらく、無意識のうちに顔がうつむき、ペコペコと頭を下げてしまったりしないでしょうか。これは、心から「申し訳ない」と思っているときに自然にやってしまう行動です。だからこそ、申し訳ないという思いが相手にも伝わるのです。

このように、姿が見えなくても、顔の表情や態度は大事です。**顔の表情によって声の表情も変わってしまう**のです。

私は、笑顔で話すために、デスクに手鏡を置いて笑顔で話しています。笑顔で話すと声も明るく聞こえます。仏頂面で話すと声もブス声になります。表情は見えなくとも、声色となって相手に伝わります。

では、聴覚情報についてはどうでしょうか。

電話で話すときに気をつけるポイントは、**普段話している声より少しだけ高めの声で話す**ことです。少し高めの声を出すには、うつむかずに顔を上げて顎も少しだけ上げましょう。電話は機械を通すので、どうしても対面で話すときと比べて声がクリアに聞こえません。特に携帯電話では、電波の具合もあって聞き取りにくいことがありますから、少し高めの声の方が聞き取りやすいのです。

もう1つ、目に見えない聴覚情報の特徴として、**距離と方向性**があります。

例えば、スピーチをする際、手元の原稿ばかりに目を落として話していると、声は原稿の上に落ちます。一方、顔を上げて最後列の人の顔を見て話せば、会場全体に声が届きます。私はよくキャッチボールに例えるのですが、一対一の距離ならボールを軽く手渡すだけでよいのですが、一対百ならば、上向きに遠くに投げなければ100人目までボールが届きません。より遠くに飛ばすには、ある程度の高さも必要ですから、山なりになるような軌道を描く必要があります。**会場の大きさや人数によって、声を飛ばす距離を変える**のです。

そして、方向性もありますから、正面だけでなく左側も右側も見なければ、全体に行き届きません。２階席もあるような大きな会場なら、２階席も見上げる必要があります。

勘違いしがちですが、これはマイクのあるなしには関係ありません。**マイクを使えばスピーカーで音が増幅されるので、会場の隅々まで聞こえるだろうと思ったら大間違い**です。声の距離と方向性は、あなたの思いが届く距離と方向性なのです。原稿ばかりを見ていれば思いは原稿の上に落ちます。原稿の上に思いを伝えたい人はいません。会場内にいる思いを伝えたい人に顔を向け、その人に向かって思いを飛ばし、届けてください。

ポイント

○姿が見えないときこそ、表情や態度を意識する。
○聴覚情報には、距離と方向性がある。

言葉、話し方、見た目を、感情に合わせる

≫はずかしさや皮肉っぽさは伝達の妨げになる

前章でも登場しましたが、人が人に与える印象の効果の伝達割合を示す「メラビアンの法則」というものがあります。アメリカの心理学者、アルバート・メラビアン氏が1971年に提唱した研究実験結果です。言葉と感情に伴う態度が矛盾したメッセージが発せられたとき、その人のどんな表現方法（行動）が他者にどのような影響を及ぼすのかを判断するものです。その影響の割合は、言葉（話の内容）が7％、聴覚（声の大きさや話すスピードなど）が38％、視覚（表情、見た目、視線など）が55％だとされています。

この結果から見ると、人は見た目から一番影響を受けていることがわかります。ここで

勘違いをしてはいけないのは、見た目や話し方など、伝え方や表現力の技術さえあれば、話の内容はどうでもいい、ということでは決してありません。**一番重要なのは、どんな思い、何を話すか**なのです。

例えば、うれしかった話をしているのに表情がうれしそうでない、つまり笑顔がなくつまらなさそうな表情で表現をしている場合、聞き手に話し手の思いは伝わりません。逆に、腹が立った話をしているのに明るい話し方をすると、聞き手には怒っているようには伝わりません。

このような、言葉と態度が一致しない表現方法のことを、**ダブルバインドコミュニケーション**と言います。ダブルバインドとは、二重拘束という意味です。

実は日常生活の中でこういったコミュニケーションを無意識のうちに取ってしまっていることが意外に多いのです。

例えば、教室の窓ガラスが割れていたけれど、だれが割ってしまったのかがわからないとき。「正直に言ってくれれば怒らないから、割ってしまった人は申し出てください」と言ったところ、一人の子どもが正直に「自分がやってしまいました」と手をあげたとします。そこで「なんでこんなことやったんだ！」と怒ってしまう。「正直に言えば怒らないと言われたから正直に話したのに怒られた」という矛盾が生じてしまいました。これでは正直に打ち明けた方は混乱してしまいます。

怒っているのに顔は笑っている。逆に怒られているのにヘラヘラしている。テストで100点を取ったことをほめているのに怒ったような顔をしている。このように、言葉と態度が一致しない表現方法をとってしまうと、矛盾から相手の心理に混乱が起き、本当に言いたいことが伝わらないという結果を招きます。

では、こうならないためにはどうしたらよいのでしょうか。

それは**「言葉」「話し方」「見た目」を一致させる**ことです。何に一致させるのかというと、**そのときの「感情」**です。楽しい話なら楽しそうな声のトーンやスピード、表情と態度で。悲しい話なら悲しそうな声のトーンやスピード、表情と態度で。**自分の喜怒哀楽に言葉と話し方と見た目を合わせる**のです。

私は以前、少しの間だけですが手話を習っていたことがありました。そのときに教えていただいたことで、大変印象深い話があります。ご存じのとおり、手話は手の動きで言語を表現してコミュニケーションを取ります。**手話は手の動きと同じくらい顔の表情が大切**だと先生はおっしゃったのです。楽しい気持ちを伝えたいなら笑顔で楽しそうに、困っているなら困った顔で、怒っているなら怒りを表す表情で、というようにしないと、伝わり方が半減してしまうのだそうです。手話は手（言語）だけでなく、全身で表現して伝えるものだと先生は教えてくださいました。

感情を表現することに気はずかしさを感じ、なんとなく格好をつけてシニカルな表現をしてしまっては、真意が伝わりません。感情に合わせた表現を心がけましょう。

ポイント

○言葉と態度が一致していないと相手を混乱させてしまう。
○ダブルバインドコミュニケーションを避け、感情をストレートに表現する。

すべての技術は思いを伝えるためにある

》思いと技術は両輪

人前で話すことに苦手意識をもっていらっしゃる方は大勢います。その理由としては「何を話せばいいかわからない（内容）」「どう話せばいいかわからない（方法）」のどちらか、あるいは両方です。話の内容は自分の思い、話す方法はそれを伝えるための技術で、その両輪が必要なのです。

思いだけがあっても、それを伝える術がなければ伝わりません。伝わらなかったことははじめからなかったものと同じです。一方で、伝えるための技術だけ卓越したものがあっても、思いがなければ何も伝わりません。

私は、人前で話すことが仕事なので、話し方についてお伝えしていますが、どんな職業の人でも、どんな立ち位置の人でも、それは同じことなのです。

例えば、美容師さん。「すべてのお客様をきれいにして輝かせたい！」という熱い思いで自分のお店をオープンさせました。そんな熱い思いのオーナーなら、ということでお店へ行ったところ、カットの技術が下手で気に入らないヘアスタイルになってしまったらどうでしょう。せっかくの熱い思いはお客様には伝わりません。

例えば、ケーキ屋さん。ケーキをつくることについては卓越した技術をもっていても、「自分のつくるケーキでお客様を笑顔にしたい！」といった思いがなければ、そのケーキがお客様の心を動かすことはありません。

このように、思いと技術は両輪であり、どちらかだけが大切、というものではありません。

しかし、順番はあります。

それは、**思いが先**です。

思いがあって、それを何とか伝えたいという渇望から、技術の向上に向けた工夫が始ま

るのです。技術は訓練で習得できるものですから、日々の練習を繰り返していけば、必ず身につきます。

はじめに思いありき。
そして伝えるための技術を磨く。
この世のすべての技術は、思いを伝えるために存在しているのです。

ポイント

○技術は自分の思いを伝えるためのツール。
○技術は才能ではなく、トレーニングで習得できるもの。

第5章
玉置崇×菱田さつき
対談
「話し方」の技術

■スキルが身につくと、話すのが楽しくなる

（玉置＝T、菱田＝H）

T 菱田さんは、今、どのようなお仕事をされているのでしょうか？

H コミュニケーションや、それに伴う話し方の研修やセミナー、講座などの講師が主な仕事です。他に、司会業も続けています。

T もともと「話し方」に興味があったのですか？

H いえ、まったく興味はありませんでした。それどころか、他者とコミュニケーションを取ることがストレスで苦痛で…（笑）。人見知りも激しかったので、逆に避けていました。

T え〜、ストレスや苦痛に感じるほどなら、仕事にしないでしょう？

H この仕事をする前は、広告デザインの仕事をしていて、グラフィックデザイナーでした。子どものころから絵をかくことが好きだったのです。それと、デザイナーは他者

とあまりコミュニケーションを取らず、一人で黙々と仕事ができるので。ところが、広告制作会社で営業の仕事をするようになって、人とコミュニケーションを取ることの楽しさや必要性に気がついたのです。

その後、縁あって司会の仕事と出会い、話し方の猛練習をしました。スキルが身につくと楽しくなってきて、今では大好きです。

■聞くことができないと、話すこともできない

T　人とコミュニケーションを取るのがストレスだったのが、営業を通して楽しさに変わったというのは、ますます興味がわきました。

H　今思えば、コミュニケーションが苦手と言いながら、深層心理では、もっと人とつながりたいと思っていたのかもしれません。でも、子どものころは、その方法を知りませんでした。

大人になって、どんな話し方をすれば仕事がもらえるかなどもわかってきて、成果が出るとうれしくなったのを覚えています。

T そうそう、人はつながりたいのですよ。今、教育では「対話」が重要視されています。でも、真の「対話」って難しいものです。「対話」と言いながら、実は互いに言いたいことを言っているだけで。

菱田さんは、本書の中で、「話すことより、まずは聞くことが大切」という趣旨のことを述べられています。コミュニケーションは相手とのやりとり。聞くことができないと、話すこともできないわけですよね。

H はい、そう思います。コミュニケーションの基本はまず聞くことだと思っています。相手の話を聞くことで相手の価値観を知り、次に自分のことを話す。コミュニケーションは双方向ですから、自分の言いたいことを言うだけでは独り言ですもんね。人は自分のことを話したいものなので、よい聞き手になることで、コミュニケーションが深まると思います。

ただ、話を聞くだけでもダメなので、自分の思いも伝える必要はあります。

■質問も、よく聞くことから始まる

T　話し方やコミュニケーションの研修講師をしておられると、人の話し方が気になって仕方がないですよね？　コミュニケーションをとりながら、「この人の話し方は○点」なんて、心の中で点数をつけたりしませんか？

H　そうそう、気になりますね。もちろんそれを言葉にして言ったりはしませんが、心の中で「あぁ、見た目はいいのにもったいない！」なんて思うことはあります（笑）

政治家の方とか経営者とか、人に対して影響力のある、いわゆるリーダー的な人の話し方は特に気になりますね。

T　なるほど。先ほどスキルの話もされましたのでお聞きしますが、子どもたちに話し合わせると、言いたいことをやりとりしているだけで、対話になっていない、ということが課題になりがちです。

言いたいことを言うだけの、独り言の応酬のようなやりとりにしないために、子どもたちにどんなスキルを教えたらよいですか?

H やはり、「聞く」ことですね。まずは、相手が話していることを最後まで聞く。相手に興味をもって、途中で口を挟んだりせずに最後まで「聞き切る」ことです。これには辛抱が必要ですが、経験を積むことでできるようになります。

そして次は、それに対して「質問」することだと思います。質問もスキルなので習得できますが、質問をするにも「話す」より「聞く」ことができているかが、まずは問われます。

T 確かに、質問ができるということは、よく聞いているということですよね。

■コミュニケーションは、関係性に左右される

T ところで、影響力のある人の話し方が気になるということから、ちょっと突っ込んでいいですか? 旦那さんは菱田さんに影響力があると思うのですが、旦那さんの話し方はどうですか?

H　それが…、うちの夫はまったくダメなんですよ（笑）
とにかく話が長い！　私の研修でも、恥を忍んで「悪い見本」として話しています。実は一度、私のスピーチ講座を受けてもらったことがあるのですが、まったく成果が出ていません。

T　確かに夫婦ですから、お互いに影響力はあると思うのですが、これは身内という間柄が逆の影響力を発揮していますね。つまり、あまりに関係性が近過ぎる人の言うことは聞かない。例えば、子どももお母さんの言うことは反発して聞かないけれど、先生の言うことは聞く、みたいな感じでしょうか。
確かに。我が子には私の言うことはあまり伝わらない。でも同じ言い方なのに、担任している子どもには伝わる。コミュニケーションは関係性にも左右されるのですね。

■感情まで相手に伝えるコツ

T　話題をちょっと変えます。「『立て板に水』の話し方では、相手に伝わらない」と聞いたことがあります。「立て板に水」なら、淀みなく話しているわけですから、ある程度伝わりそうだと思うのですが、菱田さんは、「立板に水」では伝わらないと思われますか？

H　「立板に水」というのは、淀みなくスムーズに流れているわけですから、それ自体は悪いこととは思いません。ただし、「立板に水」で伝わるのは「情報」で、「感情」は伝わりません。

T　さすが、名言ですね！　「感情」が伝わらないのは、あまりにもスムーズに流れているからでしょうか？　それとも、声のトーンとかスピードに変化がないから？

H　いいえ、それは、「本当に心の底から自分が思っていることを話していないから」なんです。

T　確かに、カーナビでは情報は伝わるけれど、感情は伝わってきません。

H　はい。電車のアナウンスなども感情を込めないようにあのような話し方をしています。心底思っていることを頭の中で映像としてイメージしながら話すと、「立板に水」にはならないと思います。

T　言われることはよくわかります。優れた落語家は、話すことで聞き手に映像を思い浮かべさせますから。

H　落語もそうなんですね。私はいつも、頭の中でカラー映像を上映しながら話すように指導しています。

■声のトーンとスピード、どちらも大事

T　あえて聞きますね。声のトーンとスピードでは、どちらが大事なんでしょうか？

H　う～ん、やはりどちらも大事です（笑）

料理で例えると、「素材と味つけどちらが大事ですか？」と聞かれているみたいなものです。素材がすごくよくても味つけがダメだといけませんし。素材がよくないのを味つけでごまかせるわけではありません。

T　国語授業名人の野口芳宏先生は、ものすごくお話が上手です。私は野口先生や落語家と一緒に「教育と笑いの会」を開催しています。野口先生の話が始まると、プロの落語家さんが楽屋でじっと野口先生の話を聞いているのです。

H　じっと聞いているというと、野口先生の話芸を盗もうとしているのですね。

T　そうなのです。「野口先生のお話を文字にしたら、実はおもしろい話ではないですよ。会場の皆さんをあんなに笑わせているのは、話のトーンとスピードなのですよ」と、落語家さんから教えてもらったことがあります。

H　やはりトーンもスピードも、どちらも大事だということですね。

■スピーチトレーニングで伸びる人、伸びない人

T　菱田さんは、スピーチトレーニングの講師をされてますよね。そのトレーニングで「伸びる人」と「伸びない人」がいると思うのですが、伸びる人は、どういう人なのですか？

H　ズバリ、「素直な人」が伸びます。私のところに来られる方は、自分の話し方に満足してないわけですよ。だから来られるんですね。ところが、私が「こうした方がいいですよ」とアドバイスしても、素直に受け入れず、自分のやり方をなかなか変えられない方がいるんですね。

矛盾してますよね。今のやり方がうまくいっていないから来てるのに、よりよい方法を受け入れないから伸びないわけです。

T なるほど。松下電器の創業者である松下幸之助氏も、経営コンサルタントの船井幸雄氏も、素直であることが大切だと言っておられます。愛知教育大学名誉教授の志水廣先生も、伸びる教師の条件として、素直であることをあげておられます。ところで、私もスピーチトレーニングに出させてもらいましたが、そのとき、私は素直でしたか?

H 目の前におられるから言うわけじゃないですけど、先生はもともとお話がお上手なんですよ。落語もやっていらっしゃるし、人前で話すお仕事をされていますからね。でも、さらにうまくなるには何かあるだろうと思って来られていたと思うのです。吸収しようという意欲にあふれておられましたよ。

T すみません。上から目線で(笑)ありがとうございます。意欲満々という評価はうれしいです。

■自分で自分の話し方がうまくなったと思えるとき

T　ところで、自分で自分の話し方がうまくなったなあって思えるには、どんなことに心がけたらいいんですか?

H　どうしたら自分を俯瞰できるかとか、第三者的な立場で見ることができるかということだと思うんですよね。

世阿弥が残した言葉に「離見の見（りけんのけん）」があります。演者が自らの身体を離れた客観的な目線で、あらゆる方向から自身の演技を見ることを言っているのですけど、いわゆる「メタ認知」ですね。

具体的には、やはり自分の話を録画して見ることですね。「わあ、はずかしい」と絶対に思います。でも、そこからです。「うまくなったな」と自覚するには、自分のしゃべりを自分で見るしかありませんから。

T　自分の話を録画するといっても、今ならスマホで簡単にできますよね。

T　今回、こうして先生向けの「話し方の技術」の本を共同で執筆させていただいたわけですが、「話し方」は、やはり実践して学ぶことも重要ですよね？

H　はい。本を読んで理解していただくことも大切ですが、そのうえで実践を重ねていくことが重要です。その機会として、スピーチ講座などを活用していただけるとよいと思います。人は千差万別ですから、私は話し方を見たうえで一人ひとりに合わせたアドバイスをさせていただいています。

T　そうでした。私が参加したときも話す様子を録画していただき、それに基づいてコメントをいただいたので、素直にならざるを得ませんでした。では、ぜひ教師のための話し方講座を2人で行いましょう！

H　はい、ぜひ行いましょう！

おわりに

私の父は小学校教諭でした。大学卒業から教育一筋に生き、キャリアを重ね校長を務めて定年を迎えた父を誇りに思っていました。父だけでなく、家族も親戚も幼稚園や小中学校の教員が多く、私は教育の現場に近い環境で育ちました。

一方、私自身は教員ではなく、会社経営の道に進みましたので、様々な意味で教員という職業の特殊性を感じています。営利企業においては、お客様に商品やサービスを買っていただくという経済活動ですが、教育はそうではありません。一人の人間を育てる、より人の心に近づく大変な仕事だと思います。もちろん、高い志や信念をもっている先生ばかりではないでしょう。友人からも、子どもの担任の先生が…という話を聞くことがありますが、先生たちの働き方も多様化して当然です。

私が教員という職業に対して感じている特殊性の1つは、大学を出て教員試験に合格してすぐに教壇に立つ先生が、話し方の勉強を一度もしたことがないということです。最も言葉を必要とする職業であるのに、その表現の仕方は学ばずに本番の舞台に立つのです。

その私の疑問に大いに賛同してくださったのが玉置先生です。「珍しい先生がいるなぁ」というのが最初の印象でした。ほとんどの先生は教育に熱心です。でありながら、そのすばらしい思いを「伝える技術」を学ぶことには、あまり関心がないように感じていました。しかし、玉置先生は違いました。落語をはじめ、私の話し方の講座にもお越しくださるなど、常に表現力を磨いていらっしゃいます。

子どもたち一人ひとりの価値観を尊重し、豊かな心を育てていくためにも、私たち大人が豊かな表現力をもち、思いを過不足なく伝えていく必要があります。本書をお読みいただき、玉置先生のような先生がもっと増えてくださることを願い、微力ながら私もできることを続けていくつもりです。

私の思いに賛同して共著のお声がけをくださった玉置先生、さらにすばらしい編集という表現力を発揮してくださった、明治図書の矢口郁雄氏に感謝申し上げます。

2021年1月

菱田さつき

【著者紹介】

玉置　崇（たまおき　たかし）

1956年愛知県生まれ。公立小中学校教諭、国立大学附属中学校教官、中学校教頭、校長、県教育委員会主査、教育事務所長などを経て、平成24年度から３年間、愛知県小牧市立小牧中学校長。平成27年度より岐阜聖徳学園大学教授。著書に『働き方改革時代の校長・副校長のためのスクールマネジメント・ブック』『主任から校長まで　学校を元気にするチームリーダーの仕事術』（以上明治図書）、『落語家直伝うまい！授業のつくりかた』（誠文堂新光社、監修）など、多数。

菱田　さつき（ひしだ　さつき）

1969年愛知県生まれ。スピーチコンサルタント、株式会社セイレーン代表取締役。グラフィックデザイナーとして広告業界で活動した後、コミュニケーションに苦手意識をもちながらも自分を表現する１つの手段として「話し方」を習得。現在はイベントや各種セレモニーの司会者として活動するだけでなく、ケーブルテレビなどでアナウンスやナレーターなども務める。著書に『あなたの人生を100％変える話し方』（彩雲出版）。

先生のための「話し方」の技術

2021年２月初版第１刷刊　©著　者　玉置　崇
2022年１月初版第３刷刊　　　　　　菱田さつき

発行者　藤原光政

発行所　明治図書出版株式会社
http://www.meijitosho.co.jp
（企画）矢口郁雄（校正）宮森由紀子
〒114-0023　東京都北区滝野川7-46-1
振替00160-5-151318　電話03(5907)6701
ご注文窓口　電話03(5907)6668

＊検印省略　組版所　株式会社カシヨ

Printed in Japan　ISBN978-4-18-319428-2